DISC
행동유형으로 배우는
예수님의 리더십

Discovering the Leadership Styles of Jesus

ⓒ 2001 by Ken R. Voges
Published by In His Grace, Inc.
Houston, Texas, U.S.A.

This edition published by arrangement with In His Grace, Inc.
All rights reserved.

This Korean Edition ⓒ 2016 by Timothy Publishing House, Inc., Seoul, Republic of Korea

이 한국어판의 저작권은 In His Grace, Inc.와 독점 계약한 (주)도서출판 디모데에 있습니다.
신 저작권법에 의하여 한국 내에서 보호받는 저작물이므로 무단 전재와 무단 복제를 금합니다.

DISC
행동유형으로 배우는
예수님의 리더십

1쇄 인쇄	2016년 4월 27일
1쇄 발행	2016년 5월 10일
지은이	켄 보그스, 마이크 켐파이넨
옮긴이	이경준, 김영희
펴낸이	고종율
펴낸곳	주)도서출판 디모데〈파이디온선교회 출판 사역 기관〉
등록	2005년 6월 16일 제 319-2005-24호
주소	서울특별시 서초구 서초대로 141-25(방배동, 세일빌딩)
전화	마케팅실 070) 4018-4141
팩스	마케팅실 031) 902-7795
홈페이지	www.timothybook.com

값 13,500원
ISBN 978-89-388-1597-2 03230
Copyright ⓒ 주) 도서출판 디모데 2016 〈Printed in Korea〉

모든 사람과 상황에 적용하는
8가지 리더십 스타일

DISC
행동유형으로 배우는

예수님의 리더십

지음 / 켄 보그스 · 마이크 켐파이넨
옮김 / 이경준 · 김영회

그의 아들을 우리에게 주신
하나님 아버지께 이 책을 바칩니다.

그리고 비극적인 교통사고로 사랑하는 남편 지미(Jimmy)와
세 자녀 카라(Kara), 제이크(Jake), 엘리야(Elijah)를 두고
마흔한 살의 나이에 하늘나라로 불려간 스프링 브랜치 교회의 동료
수잔 매독스(Susan Maddox)를 추모하며.

추천의 글

켄 보그스(Ken Voges)는 이 분야의 선구자이자 최고의 전문가다. 그를 이렇게 평가할 수 있는 몇 가지 근거가 있다. 첫째, 켄은 예수님을 잘 알고 있다. 그는 오랜 시간 예수님의 제자로 살아왔고, 그분의 리더십 스타일을 공부하는 데 많은 관심을 기울였다. 이 책에서 당신이 읽는 모든 것은 그가 실제로 경험한 것들이다. 그는 단지 지식으로만 예수님을 아는 것이 아니다. 그의 삶을 바꾸어주신 그분을 믿는다. 이 책을 함께 쓴 마이크 켐파이넨 박사는 예수님의 리더십 스타일을 소개하고자 성경 말씀을 훌륭하게 해석했다.

둘째, 켄은 사람을 알고 있다. 나는 기질과 성격 유형에 관한 모든 것을 켄에게서 배웠다. 그는 내가 사람들이 세상을 어떻게 보는지, 그리고 고통과 변화에 어떻게 반응하는지를 이해할 수 있도록 도와주었다. 켄의 가르침으로 나의 목회 사역이 헤아릴 수 없을 정도로 향상되었다. 그가 오랜 시간 쌓아온 컨설팅과 저술 활동들이 이 책에 기록된 성격 유형의 기초가 되었다. 그는 이 성격 유형의 렌즈를 통해 예수님의 삶을 경건한 경외심으로 관찰했다. 예수님이 다른 사람들과 어떻게 소통하셨고, 사람으로서 어떻게 온전한 성격 프로파일을 보여주셨는지에 대해 그는 놀라운 통찰력을 보여준다.

셋째, 나도 이것을 처음 알았지만, 켄은 군대 지휘관들에 대해 잘 알고 있다. 나는 네 가지 기본 성격 유형을 대표하는 제2차 세계대전 당시 군 지휘관들의 이야기를 읽으며 큰 도전과 격려를 받았다. 켄은 우리가 역사 속 인물들을 이해할 수 있도록 구체적으로 설명해준다. 그는 이들 유명한 군과 정치 리더들에게서 성경 속의 리더들, 그리고 마지막으로 예수님의 리더십 스타일을 관련시켜 설명하는 연결고리를 만들었다. 이것이 이 책의 특징이자 탁월한 성과다. 켄의 인도를 따라 가다 보면 당신은 이 리더들에 대해 그리고 예수님의 인성에 대해 새롭고 놀라운 사실을 발견하게 될 것이다.

끝으로, 수잔 매독스(Susan Maddox)의 사역은 진정으로 섬기는 리더십이 무엇인지를 보여준다. 그녀는 다른 이들의 필요를 채우기 위해 리더십 스타일이 언제나 변해야 한다는 것을 보여주었다. 수잔의 삶과 그녀의 섬김은 예수님의 변화하시는 리더십 스타일로 우리를 연결해준다. 우리는 이 두 모델을 본받고 싶은 도전과 격려를 받게 될 것이다.

이 책은 리더십과 예수님을 이해하는 데 중요한 도구가 될 것이다. 읽고 배우고 즐기자! 나도 그랬으니까.

C. 진 윌크스 C. Gene Wilkes 레가시 드라이브 침례교회 담임목사
『마음을 움직이는 리더십』(*Jesus on Leadership*, 디모데 역간)의 저자

추천의 글 6
감사의 글 11
서문 13

프롤로그

DISC 행동유형 이해하기 19
예수님의 DISC 행동유형 33

1부

예수님, 조화와 균형의 리더십 스타일

높은 D형 행동유형　더글러스 맥아더 / 솔로몬　43
낮은 D형 행동유형　조지 마셜 / 마리아　63
높은 I형 행동유형　윈스턴 처칠 / 베드로　81
낮은 I형 행동유형　해리 트루먼 / 사무엘　101
높은 S형 행동유형　드와이트 아이젠하워 / 아비가일　121
낮은 S형 행동유형　조지 패튼 / 사라　143
높은 C형 행동유형　오마 브래들리 / 모세　165
낮은 C형 행동유형　노먼 슈워츠코프 / 스데반　185

차 례

2부

예수님, 다양하게 변화하는 리더십 스타일

〈예수님의 리더십 스타일에 대한 사례 연구〉
섬기는 리더십의 모범 211
가정의 필요를 채우시는 예수님 217
지역사회의 필요를 채우시는 예수님 225

에필로그
예수님의 리더십, 그 독특함과 특별함 237

부록
예수님의 DISC 행동유형 프로파일 243
성경인물 DISC 행동유형 프로파일 269

역자 후기 273

감사의 글

켄^{Ken}이 드리는 감사

성경에 대한 특별한 통찰력을 일깨워준 마이크 켐파이넨 박사. 초고를 읽고 편집해준 존과 셰릴 그레이(John & Cheryl Grey), 러셀 웨어(Russell Ware), 크리스 켐파이넨(Chrys Kempainen), 빌 밀러(Bill Miller)와 헤더 보그스(Heather Voges). 복음 제시에 대한 중요한 통찰력을 일깨워준 제이 컨더(Jay Conder). 이 책을 쓰는 내내 나를 격려해주고 사랑해준 아내 린다 보그스(Linda Voges)에게.

마이크^{Mike}가 드리는 감사

I/S 유형의 재능을 다정하게 표현해주는 나의 아내 크리스(Chrys). 너그럽게 '검사자'가 되어준 스프링 브랜치 교회의 주일성경공부반 회원들에게.

서문

1960년대 말, 나는 팀 라헤이(Tim LaHaye)의 책을 읽고 처음으로 각기 다른 성격 유형을 정의한 네 가지 행동유형에 대해 알게 되었다. 그 덕분에 나는 결혼생활을 지킬 수 있었다. 그때부터 나는 행동에 관한 정보를 성경인물의 삶과, 그들이 맺은 주님과의 관계로 소개하는 데 열정을 다했다. 1979년에 나는 베티 보먼(Betty Bowman)에게서 DISC 행동유형을 알게 되었다. 이를 발전시켜 1984년 나는 성경인물에 관한 정보 수집에 초석이 되는 『성경인물 프로파일 시스템』(Biblical Personal Profile System)을 출판했다. 그때부터 나는 거기에 있는 정보를 확대해 론 브라운드(Ron Braund) 박사와 공동 집필하여 『사람들은 왜 나를 오해할까?』(Understanding How Others Misunderstand You, 디모데 역간)라는 단행본과 워크북을 출판했다.

몇 년 전 나는 진 윌크스(Gene Wilkes)를 만날 기회가 있었다. 그가 내게 베풀어준 우정 덕분에 나는 그의 훌륭한 저서인 『마음을 움직이는 리더십』에 DISC를 통합시키는 작업을 할 수 있었다. 그 일을 계기로 나는 DISC 행동유형의 연장선상에서 예수님의 리더십 스타일에 관한 통찰력을 확장시키면 독자들이 DISC 행동유형을 더 정확히 이해하는 데 도움을 줄 수 있다는 것을 깨달았다. 만약 진정으로 섬기는 DISC 리더의 모델이 있다면 그 모델은 나사렛에서 온 목수이신 예수님에게서 찾을 수 있을 것이다. 이 책이 말하려는 바가 그것이다.

DISC 행동유형을 설명하자면, 검사지와 책들은 주로 단어들을 네 그룹으로 묶고 각각 네 가지 유형을 묘사한다. 그런데 그에 더해 사람의 행동에 관련된 문자적 설명을 향상시키기 위해 그림을 덧붙인다면 각 스타일의 독특함을 더 잘 이해할 수 있다는 것을 지난 경험에서 깨달았다. DISC 행동유형을 설명하는 어떤 책에서, 저자가 서로 다른 자신의 네 가지 얼굴 표정을 보여주는 사진을 실은 것을 보았다. 각 사진은 각기 다른 행동을 묘사한다. 나는 그룹을 대상으로 강의할 때 일상에서 흔히 일어나는 사례 연구를 보여주는 DISC 스타일의 역할놀이 비디오를 자주 사용한다. 이 모든 시각 자료는 사람들이 행동의 차이를 이해하고 받아들이는 데 도움이 된다는 것을 깨달았다. 하지만 이러한 도구들은 허구적인 부분이 있다는 나름의 한계점을 지닌다. 제일 좋은 도구는 리더들이 자신의 실제 사례를 보여주면서 문제를 해결하는 자신들의 방법을 있는 그대로 나누는 것임을 깨달았다.

현재 살아 있지 않은 사람의 리더십 스타일을 정확하게 파악하기 위해서는 주어진 환경에서 그가 어떤 행동을 했는지를 알려주는 신뢰할 만한 역사적 자료가 필요하다. 나는 고유한 리더십 스타일을 파악할 수 있는 가장 신뢰할 수 있는 자료는 성경이라고 생각한다. 만약 그 리더십 스타일이 사람들에게 긍정적인 영향을 미쳤다면, 그 사례 연구는 현재 환경에도 적용할 수 있는 매우 유용한 도구일 것이다. 그런데 어려움이 있다. 언제, 왜 그리고 어떻게 그것을 개인 상황에 구체적으로 적용할 것인가? 그 비결은 여덟 가지 DISC 리더십 모델을 이해하고, 구체적인 사례를 연구하여 그것을 실제 인물과 상황에 연결하면 된다. 각각의 리더십 스타일을 소개하기 위해 나는 세계 분쟁과 관련된 20세기의 유명 정치인들과 군대 지휘관들을 연구했다. 그들의 이야기를 통해 DISC 리더십 스타일의 독특성을 더 정확하게 이해하기 바란다.

전쟁 상황에 있는 리더들을 실례로 든 이유는 다음과 같다. 첫째, 그들은 잘 알려진 인물들이고, 둘째, 책에서 단지 예로 든 이야기의 이면에는 그들이 엄청난 압박감과 갈등 가운데서 내린 결정들이 있기 때문이다. 마지막으로, 한 개인이 어떻게 그리고 왜 그 힘든 결정을 내렸는지에 대한 정확한 정보를 알면, 그 사람의 리더십 스타일을 가장 잘 파악할 수 있다는 것을 발견했기 때문이다. 그러므로 집단이나 국가가 존폐의 기로에 서 있을 때 내린 리더십의 결정들보다 더 좋은 사례 연구는 없을 것이다.

마지막으로 가장 중요한 이유는, 그 이야기들은 실제 일어난 사건에 대한 진실되고 정확한 설명이라는 것이 입증되었기 때문이다. 또한 이렇게 직접 경험한 역사적 기록들은 시각적 자료(다큐멘터리 영상)들로 보충되어, 한 사람의 행동유형을 정확하게 확인하는 데 도움을 준다. 나는 기본적으로, 사람들을 잃어버리기보다 그들을 구하는 결정들을 내린 여러 리더에게 초점을 맞추었다. 나는 당신이 각 스타일의 가치와 차이를 정확하게 이해할 수 있기를 바란다.

각 사람이 리더십을 발휘하는 방법은 달랐지만 그들은 모두 하나님의 통치권을 인정했다. 내가 내린 결론은, 주님이 그들에게 리더십을 행사할 수 있는 위치에 있게 하셔서, 그들의 독특한 강점을 활용하여 주님의 일을 성취하셨다는 것이다.

우리는 이 책을 통해 특정한 리더십 스타일의 특성을 이해함과 동시에, 그 특성을 가진 세상의 리더들과 같은 특성을 지닌 성경인물을 연관지을 수 있다. 비록 벌어진 사건들은 각기 다르지만 문제해결 과정은 비슷하다. 결론적으로, 당신은 같은 리더십 스타일을 다시 보게 될 텐데, 이번에는 예수님이 각 스타일의 중심인물이시다.

이 책의 더 중요한 메시지는, 주어진 환경의 필요에 따라 그 필요를 채울 수 있는 개인의 리더십 역량을 갖추는 것이다. 가장 긍정적인 결과를 얻기 위해 어떤 스타일을 발휘해야 하는지를 아는 것이 가장 중요하다. 이 점과 관련하여, 책 뒤에 실린 두 사례 연구에서 보여주듯 예수님은 최고의 섬기는 리더시다.

더 우월한 리더십 스타일은 없다. 각 사람은 자기만의 강점, 영향을 끼칠 수 있는 특성과 한계가 있다. 성숙한 섬기는 리더란 이 점을 이해하고, 하나님의 도우심 가운데 어떤 행동유형이 각 상황에 가장 적합한지를 분별할 수 있는 사람이다. 이 책이 당신만의 리더십 스타일을 만들고 발휘하는 데 쓰일 수 있기를 기도한다.

주님의 은혜 안에서

켄 보그스(Ken Voges)

프롤로그

DISC 행동유형 이해하기

예수님의 리더십을 더 잘 이해하기 위해서 DISC 행동유형의 이론적 배경과 각 유형의 특징을 살펴보자.

히포크라테스의 4체액 기질론

서양의학의 아버지로 불리는 히포크라테스는 체액설을 기초로 사람에게는 네 가지 다른 기질이 있다고 보았다. 그는 사람의 몸 안에 있는 체액의 농도와 색깔에 따라 네 가지 기질, 즉 담즙질(Choleric), 다혈질(Sanguine), 점액질(Phlegmatic), 우울질(Melancholic)로 나누어 그 특성을 구분하여 과학적 치료 방법을 모색했다. 우리나라에서도 동무 이제마 선생이 기존의 음양오행 한의학에서 인간의 체질을 네 가지(태양인, 소양인, 태음인, 소음인) 사상체질로 구분하여 치료에 활용했다.

  담즙질은 의지가 강하고 자기 확신이 강하다. 결단력이 있고 고집이 세며 주장이 강하다. 의사결정을 빠르게 하고 결과와 성취를 중시

한다. 다른 사람을 통제하려는 성향이 있어서 강한 리더십을 보인다. 자기가 원하는 대로 잘 안 되면 감정이 쉽게 격해져 화를 잘 내 주변 사람을 불편하게 하는 경향이 있다. 다른 사람에 대한 배려가 부족하고 자기주장이 지나치게 강해 독선적으로 보일 수도 있다.

다혈질은 낙천적이고 명랑하며 사람들을 쉽게 사귀고 희로애락의 감정 표현을 잘한다. 다른 사람들의 기분을 잘 맞춰주고 인정과 칭찬의 말을 잘하므로 밝은 분위기를 유도한다. 유머감각도 있고 말로 재미있게 표현할 줄 안다. 즉흥적이고 감정적이어서 변화에 적응을 잘하는 것이 장점이지만, 예측할 수 없고, 변덕이 심하며, 말을 많이 하는 것 때문에 가볍게 보일 수가 있다.

점액질은 성격이 느긋해서 서두르지 않고, 다른 사람의 말을 잘 경청해주며, 주변 사람을 잘 배려하고, 인내심이 있어서 화를 잘 참는다. 다른 사람들을 편하게 해주고 협력을 잘한다. 부탁을 거절하지 못하여 손해를 보거나 결단력이 부족하여 우유부단한 단점을 보이기도 한다.

우울질은 성격이 꼼꼼하고 위험 요소를 파악하여 대비하는 준비성이 있다. 사소한 것을 걱정하거나 고민하는 경향이 있고, 내성적이어서 말과 행동이 조심스럽다. 다른 사람을 불편하게 하지 않으려 하고 예의를 갖추어 관계를 맺기 원하므로 쉽게 다가가기 어렵다는 평가를 듣는다.

윌리엄 마스톤과 DISC 행동유형

히포크라테스의 네 가지 기질론은 1928년 미국 컬럼비아 대학교 심리학 교수인 윌리엄 M. 마스톤(William M. Marston)이 재정의했다. 그는 자신의 저서인 『정상인의 감정 상태』(The Emotions of Normal People)에서 히포크라테스의 네 가지 기질 특성 이론을 일상생활에 적용 가능한 DISC 인간행동유형으로 체계적으로 재정리했다.

마스톤 교수는 인간을 구분할 수 있는 부모에게서 물려받은 유전적 특성, 핵심 성격 특성(Personality), 외부 환경의 자극에 반응하는 외적 반응으로 DISC 행동 특성의 관계를 아래 그림과 같이 설명했다.

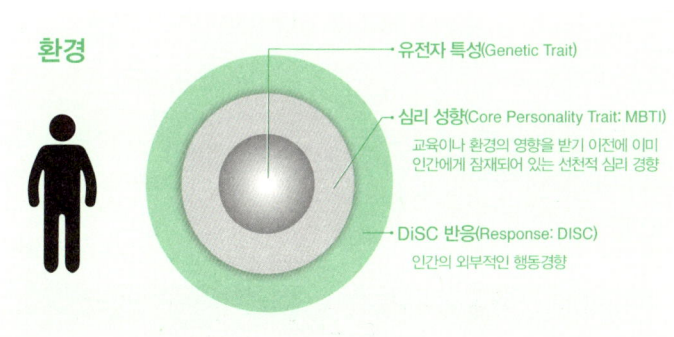

DISC 행동에 영향을 주는 요소

원의 가장 안에 있는 유전자 특성(Genetic Trait)은 부모에게서 물려받은 타고난 그 사람만의 속성으로서 환경의 변화로 바꿀 수 없는 인간 개인의 고유한 특성이다. 가운데 있는 원은 핵심 성격 특성(Core Personality Trait)으로 개인의 타고난 성격을 의미하는데, 보통 MBTI 진단 검사로 자신의 성격 특성을 파악해볼 수 있다.

맨 바깥쪽 원은 외부의 자극과 환경에 적응하는 인간의 표면적인 반응 행동 특성을 DISC 행동경향으로 설명하였다. 이러한 겉으로 드러나는 DISC 행동경향은 내면의 타고난 성격 특성이 외부 환경과 만나서 편하게 자주 드러나는 행동으로 일정한 경향성을 보인다.

DISC 행동유형 모델에서는 사람들이 자기 자신에게 내재되어 있는 감정에 따라 행동하기도 하지만 주변 환경이나 자신의 역할에 기대되는 행동에 맞추기 위해 학습된 행동을 할 수도 있다. 환경의 요구에 반응하는 이 행동유형은 내적 핵심 성격의 영향도 있지만 외부 환경의 영향과 혼합의 결과로 자주 보여주는 행동경향성을 나타낸다. 환경이 바뀌면 반응 행동도 바뀔 수 있다. DISC 행동 특성은 타고난 성격 특성과 학습된 행동이나 환경의 변화에 따른 적응 행동이 혼합된 결과로 볼 수 있다.

히포크라테스의 네 가지 체질론과 마스톤의 DISC 행동 비교

히포크라테스의 네 가지 체질론	마스톤의 DISC 행동유형
담즙질(Choleric)	주도형(Dominance)
다혈질(Sanguine)	사교형(Influencing)
점액질(Phlegmatic)	안정형(Steadiness)
우울질(Melancholic)	신중형(Compliance)

마스톤의 DISC 행동유형과 히포크라테스의 네 가지 체질론을 비슷한 특징끼리 연결하면 위와 같은 표로 정리할 수 있다. 담즙질(Choleric)을 주도형(D형: Dominance)으로, 다혈질(Sanguine)을 사교형(I형: Influencing)으로, 점액질(Phlegmatic)을 안정형(S형: Steadiness)으로, 우울질(Melancholic)을 신중형(C형: Compliance)으로 재분류할 수 있다. 이것이 바로 현재 세계적으로 폭넓게 사용되고 있는 인간행동유형의 네 가지 분류 방법인 DISC 이론의 시작이다.

미국 미네소타 대학 심리학자였던 존 가이어 박사 팀은 1970년대 초반에 이론적 연구와 통계적 실증 연구를 통해 개인 프로파일 시스템(PPS: Personal Profile System)을 개발하여 오늘날 활용하는 DISC 행동에 대한 15가지 전형적 행동유형의 특징을 해석할 수 있는 진단지와 해석집, 응용 프로그램을 보급했다.*

마스톤은 주도형(D)과 신중형(C)은 주변 환경을 비호의적이거나 경쟁관계로 인식하는 경향이 있다고 보고, 사교형(I)과 안정형(S)은 주변 환경을 호의적, 긍정적으로 인식하는 경향이 있다고 본다. 또한 주도형(D)과 사교형(I)은 자신이 환경보다 강하다고 인식하고, 안정형(S)과 신중형(C)은 자신이 환경보다 약하다고 인식하는 경향이 있음을 파

---

* 그 후 미국 미네소타 주 미네아폴리스에 있는 카슨 러닝(Carson Learning) 사에서 이 프로그램의 판권을 인수하여 세계적으로 보급하다가 현재는 와일리(Wiley)의 자회사인 인스케이프 퍼블리싱(Inscape Publishing)사에서 지속적으로 연구 개발하여 전 세계적으로 폭넓게 활용되고 있으며, 한국에는 한국교육컨설팅연구소에서 한국화 작업과 강사 교육 등을 통해 다양한 분야에서 활용하도록 안내하고 있다.

악해 이 두 개의 인식축이 어떤 결합을 하느냐에 따라 DISC 행동의 특징이 다르게 나타난다고 정리했다.

주도형(D)은 자신이 환경보다 강하다고 생각하고 환경을 경쟁 관계로 인식한다. 그래서 자기가 원하는 결과를 성취하기 위해 반대나 장애요인을 극복하고 자신이 원하는 환경을 조성하려 한다. 사교형(I)이 강한 사람은 자신이 환경보다 강하지만 환경을 우호적으로 인식하는 경향이 있다. 그래서 다른 사람을 설득하거나 긍정적 영향을 미쳐서 자신이 원하는 환경으로 만들어간다. 안정형(S) 성향이 높은 사람은 자신이 환경보다 약하다고 인식하지만 환경을 호의적으로 보므로 일할 때 다른 사람과 협력한다. 신중형(C) 성향이 높은 사람은 자신이 환경보다 약하다고 인식하고 환경을 비호의적으로 보는 경향이 있다. 그래서 주어진 환경에서 완벽하고 정확하게 일하고 과제의 품질을 높이기 위해 신중하게 대응한다.

주도형Dominance이 높은 사람은 자신감이 강하고 결과와 성취로 동기부여를 받는다. 성격은 급한 편이고 의사소통이 직선적이다. 경쟁심이 있어서 다른 사람을 지시하거나 도전할 수 있는 기회로 동기부여를 받는다. 결단력이 있어서 핵심 사항만 파악되면 결정을 쉽게 하고 업무 추진력이 강하다. 자기가 상황을 통제하려 하고 다른 사람에게 이용당하는 것을 두려워하거나 불편해한다. 다른 사람에 대한 배려가 약하거나, 듣고 싶은 말만 듣거나, 경청이 약하다는 평가를 받는다. 다양한 활동을 좋아하고 변화를 즐긴다.

사교형Influencing이 높은 사람은 성격이 밝고 명랑하며 낙천적이고 호의적이다. 다른 사람과 좋은 인간관계를 형성하는 데 관심이 많다. 사교형은 사회성이 좋고, 유머감각이 있으며, 재미있는 말을 많이 한다. 주변 사람들에게 칭찬받고 사회적인 인정을 받는 것에 동기부여가 된다. 꼼꼼하지 못하고 덜렁대며 업무에서 사소한 실수가 있는 편이고 충동적이라는 이야기를 듣는다.

안정형Steadiness이 높은 사람은 다른 사람을 배려하고, 경청을 잘하며, 친절하고, 팀에서 일할 때 협력을 잘한다. 행동이 일관성이 있어서 예측 가능성이 매우 높고, 주도적으로 나서기를 싫어하며, 조용하고 겸손하다는 평가를 듣는다. 다른 사람에 대한 배려가 강해 자기주장을 못하고, 갈등 상황에서 많이 참으며 양보하는 편이다. 결단력이 부족해서 우유부단하다는 평가를 듣는다. 이 성향의 사람들은 변화보다는 익숙한 일들을 계속하면서 현상을 유지하는 것을 좋아한다.

신중형Compliance이 높은 사람은 모든 일이 정확하고 올바르게 실행되는 것을 선호한다. 꼼꼼하고 세심한 편이어서 과제를 성실하게 해 과제의 높은 품질을 유지하려 한다. 생각이 깊고, 비판적 사고를 하며, 위험 요인을 예측하고, 대비하기를 좋아한다. 이들은 개인적인 관심 분야를 완벽하게 충족하기 위하여 매우 신중하게 의사 결정하고 조심스럽게 행동한다. 성격은 내성적이어서 말이 많지 않고 조심성이 있으며 예의 바르게 행동한다. 감정 표현을 자제하므로 쉽게 사귀기가 어렵거나 사무적으로 접근하기 때문에 엄격하다는 평가를 받는다. 업무수행 때 원칙을 지키려 하여 융통성이 부족하다는 말을 듣는다.

욕구에 근거한 행동

사람들은 두 개의 주요한 행동 축에 따라 상호작용을 한다. 한 축은 수직축으로 삶에 대한 빠른 반응과 느린 반응을 나타내고, 다른 축은 가로축으로 우선순위, 사고방식의 차이를 나타낸다. 또한 각 연속선으로 나타난 모든 경향은 긍정적인 강점을 표현하지만, 감정이 지나치거나 상황에 맞지 않으면 단점으로 나타나기도 한다.

수직축의 위쪽은 주도형(D)과 사교형(I)으로 자기주장이 강하다(외향적 성격). 아래쪽은 안정형(S)과 신중형(C)으로 자기주장이 약하다(내성적 성격). "외향적이다", "내성적이다"는 말은 긍정적인 표현이다. 외향적이거나 내성적인 두 경향은 서로 다른 방식으로 행동한다. 자기주장이 강한 사람은 외향적이고, 자발적이며, 변화행동을 즐긴다. 이들은 의사결정을 하는 속도가 빠르고 경쟁적인 사람들이다. 그 결과 이들은 다른 사람들이 자신의 속도를 따라오지 못할 때 참지 못하고 짜증을 내거나 화를 낸다. 주도형(D)과 사교형(I)은 주도적으로 말을 하거나 자신감 있는 어휘를 사용함으로써 다른 사람에게 외향적인 태도를 보인다.

반대로 수직축의 아래쪽은 자기주장이 약한 안정형(S)과 신중형(C)의 사람들로 이들은 수동적으로 반응하고 사려가 깊다. 이들은 위험 요소를 계산해보고 그들이 결정해야 하는 것들에 대해 충분히 장단점을 생각할 시간을 갖는다. 이들은 다른 사람들을 배려해가면서 일하고, 구체적이고 세세한 것들에 관심을 보인다.

자기주장이 강한 (D형, I형)

외향적인
자발적인
위험을 감수하는
빠르게 결정하는
경쟁적인
속도가 빠른
널리 관심을 보이는
말을 먼저 하는

사려 깊은
반응적인
위험을 피하는
심사숙고해서 결정하는
협력적인
속도가 느린
구체적인 것에 관심을 보이는
잘 듣는

자기주장이 약한 (S형, C형)

수평축은 상호의존적인/독립적인 경향을 나타낸다. '상호의존적', '독립적'이라는 말 역시 모두 긍정적인 행동을 나타낸다. 수평축은 또 우선순위를 나타내며 왼쪽은 주도형(D)과 신중형(C)이 속하며 과업이나 일을 중요시하는 반면, 오른쪽은 사교형)(I)과 안정형(S)에 해당되며 인간관계를 중시한다.

독립적인 사람들은 과업 지향적이다. 냉정하고 구체적인 사실에 근거하여 의사를 결정한다. 이들은 보다 주의 깊고, 대인관계에서 엄격하며, 다른 사람들 앞에서 자신의 속마음이나 감정을 잘 드러내지 않는다. 반대로 상호의존적인 사람들은 관계 지향적이고, 여유가 있으며, 따뜻하게 비추어진다. 이들은 다른 사람을 돕고 자신들의 감정을 있는 그대로 잘 드러낸다. 이들은 데이터나 사실보다는 자신의 감정과 견해에 따라 주관적으로 의사결정하는 경향이 있다.

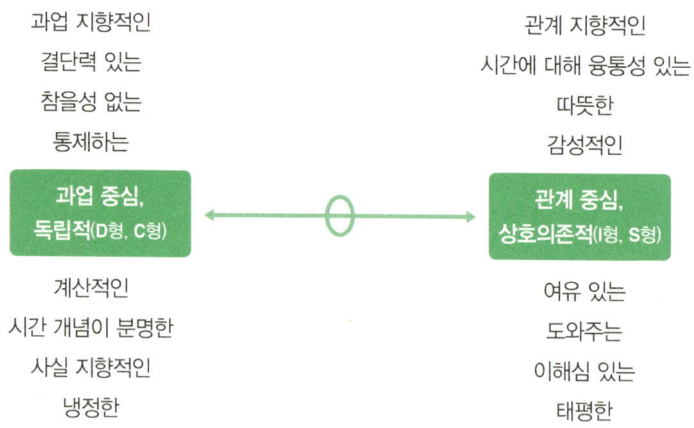

이 두 개의 축을 서로 겹치면 네 개의 서로 다른 행동유형을 형성한다. 각 영역은 자기주장이 강한/약한, 반응이 빠른/느린, 과업 지향적/관계 지향적, 독립적/상호의존적 경향성의 독특한 조합을 나타낸다.

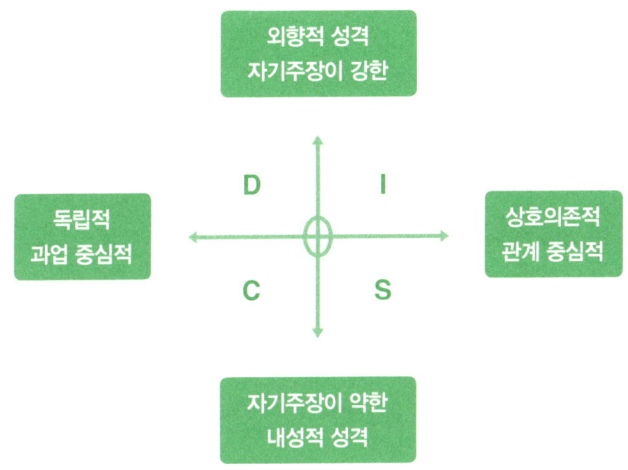

모든 사람은 이 네 가지 행동유형(D, I, S, C)을 복합적으로 다 가지고 있는데 자주 쓰거나 덜 쓰는 것에 따라서 다르게 행동하는 것으로 보인다. 네 가지 행동경향의 특성을 기본 행동경향, 압력을 받을 때 행동 특징, 두려움, 동기요인, 욕구, 효과를 증진시킬 수 있는 전략을 간단히 요약하면 다음과 같다.

DISC 행동 특성 요약

D형(주도형)

기본 경향	자기주장이 강하고 독립적임, 결단력과 추진력이 있음
압력을 받을 때	참지 못하고 화를 냄
두려움	남에게 이용당함, 통제력 상실
동기요인	구체적인 결과나 목표 성취
욕구	변화, 도전, 자유, 권한, 다양성, 행동, '무엇'을 알고 싶어 함, 성과를 인정받기
효과 증진책	다른 사람의 감정을 배려하고, 참을성 있으며, 여유를 갖기, 남의 말을 경청하기, 어떻게 결론에 도달하게 되었는지 다른 사람에게 잘 설명하기

I형(사교형)

기본 경향	희로애락의 감정을 잘 표현하고 밝은 분위기를 연출, 낙천적이고 긍정적임
압력을 받을 때	감정에 치우치거나 일에서 비체계적임
두려움	사회적 인정의 상실
동기요인	사회적으로 인정받음
욕구	명성, 인기 얻음, 우호적인 환경, 다른 사람을 인정해주고 동기부여할 수 있는 기회, 감정, 아이디어를 표현할 기회, 다양한 활동, '누구'에 대해 알고 싶어함

| 효과 증진책 | 납기 관리, 시간 관리, 더 객관적으로 생각하기, 충동 구매를 지양하기, 좀더 생각하고 결정하기, 시작한 일을 끝까지 마무리하기 |

S형(안정형)

기본 경향	자기주장이 약한, 이해심이 많은, 경청하고 협력함, 상호의존적임
압력을 받을 때	결정을 미루는, 양보하는, 일이 지연됨
두려움	안전, 안정감의 상실
동기요인	안정적 환경에서 편안해하며 익숙하고 일관성 있게 일함
욕구	진지하게 수용해주고 감사를 표현, 안정적인 환경, 함께 팀으로 일함, 특별한 이유가 없는 한 현상 유지, 다른 사람을 도와서 공헌함, 전문분야에서 일하기를 즐김, 어떻게 하는지 방법을 알기 원함
효과 증진책	결단력을 보이고, 더 자발적, 더 주도적으로 행동하기, 변화에 적응하기, 일 처리에 융통성을 보이기, 감정 표현이나 노출을 더 많이 하기

C형(신중형)

| 기본 경향 | 내성적인, 체계적인, 완벽주의 성향, 실수가 적은, 비판적임 |
| 압력을 받을 때 | 회피함, 고집스러워짐, 완벽함을 추구 |

두려움	자기가 한 일에 대해 비판받음
동기요인	일을 올바르게 하기, 실수 없이 하기
욕구	일할 때 정확하고 논리적으로 접근, 위험 부담이 낮은 것, 사전에 준비할 시간, 품질 유지, 목표에 대한 개인적 관심, 상세한 설명, 왜 해야 하는가를 알기 원함
효과 증진책	위험 부담을 감수하기, 감정과 느낌을 더 잘 표현하기, 자기 능력에 대해 더 자신감을 갖기, 덜 방어적으로 행동하기, 마감 기한을 고려하여 융통성 있게 일을 끝내려고 노력하기

참고문헌

- *The Emotion of Normal People*, William M. Marston, 1928.
- *DiSC* 관계프로파일 매뉴얼, Carlson Learning Co(Inscape Publishing Inc), 2005.
- *DiSC* 진단지, Personal Profile System, 매뉴얼 1997 Inscape Publishing Inc.

예수님의 DISC 행동유형

성경인물 행동유형에 대한 세미나나 수업 때마다 빠짐없이 나오는 질문이 있다. "예수님의 행동유형은 무엇인가요?" 게리 스몰리(Gary Smalley)와 존 트렌트(John Trent)는 예수님은 네 가지 DISC 기본 유형 모두를 조화롭게 갖추고 계신다고 말한다.[1] 나와 절친한 친구 로버트 롬(Robert Rohm) 박사도 같은 생각을 가지고 있다. 그분은 "그리스도의 삶은 각 DISC 행동유형의 모든 강점을 잘 보여준다. 그분은 네 가지 행동유형의 완벽한 조화다"라고 말했다.[2] 이 견해는 좋은 출발점이다. 이제부터 이 책은 DISC 행동유형을 면밀하게 살펴보고 그들의 결론이 옳은지 알아볼 것이다. 나는 그들의 결론이 옳다고 믿는다.

DISC는 1900년대 초 윌리엄 마스톤이 개발한 행동 모델이며, 네 가지 기본 유형에 초점을 맞추고 있다. 'D'형은 Dominance(주도형), 'I'형은 Influencing/ Interacting(사교형), 'S'형은 Steadiness(안정형), 'C'형은 Compliance/ Cautious(신중형)를 나타낸다. 주도형은 환경을 지배하려고 하는 반면, 사교형은 다른 사람들과 관계를 맺는 것에 관심을 둔다. 안정형은 충성심과 다른 사람에게 협조하는 것에 가치를 두는 반면, 신중형은 일을 '바르고' '확실한' 방법으로 하려고 한다. 이 모델은 충실하게 연구되었고, 정확성을 바탕으로 측정되었으며, 사회적으로도 인적 자원을 연구하는 유용한 도구로 평가되고 있다.

여기서 중요한 것은 특정 리더십 스타일이 다른 스타일보다 우월하지 않다는 것을 이해하는 것이다. 사람은 제각각 자신만의 강점을 가지고 있으나, 그것을 점검하지 않고 그대로 두면 균형을 잃을 수 있다. 잠재적 강점도 너무 지나치면 큰 약점이 될 수 있다. 오직 모든 유형이 서로 협력할 때 균형과 조화, 질서가 생겨날 수 있다.

예수 그리스도에 대해 어떤 행동 성향을 가진 사람 또는 어떤 기질을 가진 사람으로 표현하는 것이 신성 모독죄에 해당될지도 모르겠다. 그러나 교회의 전통적인 주요 교리 중 하나는 진정한 인성을 지니신 예수 그리스도를 제대로 이해하는 것이다. 그리스도는 신성뿐만 아니라 인간의 죄성을 제외한 온전한 인성도 지니셨다. 신학자인 존 월부어드(John Walvoord)는 "몸과 혼과 영을 지닌 인간으로서 그리스도를 바라보는 것이 필요하다"[3]고 했다. 만일 이것이 옳다면, 예수님이 인간의 행동 특성을 지니셨고, 또한 언제나 최상의 조화를 이루시며 질서 있는 분임을 우리는 성경을 통해 증명해야 한다.

이론적으로, "가장 성공적인 사람은 자기 자신에 대해 알고, 구체적인 상황에서 무엇이 요구되는지를 알며, 그 환경이 요구하는 필요들을 충족시키기 위해 어떻게 행동해야 하는지를 아는 사람이라는 것을 DISC 연구 결과가 증명한다."[4]

아무리 이러한 이상향이 제시되더라도 그것을 지속적으로 행할 수 있는 사람은 없다. DISC 모델에 있는 모든 유형은 균형 잡히지 않은 핵심적인 행동 특성을 가지고 있다. 이런 주된 행동 특성은 통제하기가 쉽지 않을 수 있다. 특정한 행동유형을 가진 성경인물과 연관시켰을 때 바울, 리브가, 아브라함, 마리아 등의 행동만 보아도 그것을 확인할 수 있다. 그러나 예수님의 성향은 어떠한가? 그분은 특정 유형에 고착되는 분인가, 아니면 이상향이 제시하는 것처럼 상대와 상황의 요구에 따라 다른 스타일로 대응하시는가? 이 책은 그것을 집중적으로 알아볼 것이다.

그러면 예수님의 행동을 어떻게 효과적으로 연구하여 DISC 스타일과 연관시킬 것인가? 이것이 어떻게 가능한지를 이해하기 위해서는 DISC 행동유형에 대한 기본적인 이해가 필요하다. 그것은 행동 특성 이론에 근거한다. "이 모델은 몇 가지 특성의 측면에서 단계별로 측정된 지표로 사람들을 분류한다. 이 모델에 따르면 각 사람은 '각각의 특성을 대표하는 네 가지 DISC 행동경향 지표'의 위치로 성격을 묘사할 수 있다."[5] 『사람들은 왜 나를 오해할까? 워크북』[6](디모데 역간)에 있는 DISC 행동경향 지표는 높은 강도부터 낮은 강도까지 네 가지 성향에 대한 112가지 특성을 나열하고 있다.

다음은 112가지 특성 가운데 몇 가지 예다.

높은 D형 특성	낮은 D형 특성
직선적인	겸손한
지배적인	온화한
위험을 감수하는	조용한

높은 I형 특성	낮은 I형 특성
설득력 있는	감정을 조절하는
사교적인	내성적인
자신감 있는	냉정한

높은 S형 특성	낮은 S형 특성
참을성 있는	변화를 좋아하는
충성스러운	즉흥적인
협조적인	능동적인

높은 C형 특성	낮은 C형 특성
정확한	독립적인
상세한	확고한
자제력 있는	도전적인

　우리는 이 모형이나 패러다임을 이용하여 예수님의 행동을 여덟 가지의 높은 경향과 낮은 경향에 연관시켜볼 것이다. 앞에서 한 추측이 정확하다면 예수님의 행동은 일반인처럼 한 가지 패턴에 들어맞기보다는 전체적인 그래프를 다 메울 것이다. 좀더 구체적으로 말하자면, 어떤 상황에서 예수님이 DISC 행동유형을 다 갖추셨는지 확인해볼 것이다. 우리는 D형(주도형)에 맞는 상황을 찾아 어떤 상황에서는 책임자의 역할을 맡으시고, 공격적이며 대립적인 자세를 취하셨는지, 또 어떤 상황에서는 충성스럽고 순종적인 팀플레이어셨는지 알아볼 것이다. I형(사교형)에서는 예수님의 의사소통 능력과 사람들에게 다가가시는 능력을 보는 반면, 사람들에게서 떠나 홀로 계시는 것을 선택하

신 예수님에 대해 알아볼 것이다. S형(안정형)에서는 사도들에게 인내심을 보이신 것과 대조로 성전에서 즉흥적이고 공격적인 행동을 보이신 것을 알아볼 것이다. C형(신중형)에서는 예수님이 재판을 받으실 때 자제하시는 모습과, 이와는 대조적으로 유대 전통과 관련해 권위자들에게 저항하시는 행동을 연구할 것이다.

만약 예수님이 하나님의 아들이시라면, DISC 모델에서 예수님의 행동은 모든 유형의 강점을 다 가지고 계시다는 것을 보여줄 것이다. 그리고 그분의 행동은 완벽하고, 조금의 불균형도 없으며, 완전한 통제력을 가지고 계셨음을 보게 될 것이다. 또한 예수님은 어떤 상황에서 어떤 스타일이 필요하든지 간에 즉각적으로 유연하게 대처하셨음을 보게 될 것이다. 이제 이 흥미진진한 탐구를 시작해보자.

주

1. Gary Smalley and John Trent, *The Two Sides of Love,* Focus on the Family, Pomona, CA, Copyright © 1970.
2. Robert Rohm, *Positive Personality Profiles,* Personality Insights, Atlanta, GA, Copyright © 1996.
3. John Walvoord, *Jesus Christ Our Lord,* Moody Press, Chicago, IL, Copyright © 1967, page 111.
4. *The Personal Profile System,* Carlson Learning Company, Minneapolis, MN, Copyright © 1977, page 1.
5. William Marston, *Emotions of Normal People,* Persona, Minneapolis, MN, Copyright © 1977, page xxiii.
6. Ken Voges and Ron Braund, *Understanding How Others Misunderstand You workbook,* In His Grace, Houston, TX, Copyright © 1990, 1994, 1999, page 27, 140. (『사람들은 왜 나를 오해할까?』 디모데 역간)

"그리스도의 삶은 각 DISC 행동유형의 모든 강점을
잘 보여준다. 나는 예수님이 네 가지 행동유형의
완벽한 조화라고 생각한다."

___ 로버트 롬 Robert Rohm 박사

1부

예수님,
**조화와 균형의
리더십 스타일**

Discovering
the Leadership Style
of Jesus

대부분 DISC 평가 도구는 두 개나 세 개의 그래프로 행동을 분석한다. 첫 번째 그래프는 주어진 역할의 필요를 충족시키기 위해 자신이 어떻게 반응해야 하는지에 대한 개인적 인식을 알아보는 행동을 측정한다. 이것은 제일 변경되기 쉽기 때문에 가장 역동적인 그래프로 볼 수 있다.

그래프 I의 기능은 그 사람이 처한 환경에서 상황적으로 요구되는 것들을 대할 때 그가 어떻게 반응하는지를 알아보는 것이다. 이것은 주어진 환경에서 제일 좋은 결과를 얻기 위해 선택하는 행동을 뜻한다. 그러므로 그 사람이 선천적으로 타고난 유형을 측정하는 것은 아니다. 그래프 II의 기능은 압박을 받을 때 드러나는 반사적인 반응을 묘사한다. 이것은 대개 그 사람의 내면에 있는 행동유형을 보여준다. 그래프 III의 기능은 그래프 I과 II의 복합적인 모습을 보여준다.

구체적인 DISC 스타일을 더 정확하게 이해하기 위해 앞으로 우리에게 친숙한 성경의 사건들과 역사적 사건들을 살펴볼 것이다. 여덟 가지 각각의 고유한 DISC 스타일은 성경과 세상 역사에 긍정적으로 영향을 미친 인물들의 행동에 대해 이야기한다. 먼저 그래프 I을 예수님께 적용해보면서, 감정이 격앙되어 있는 사람들을 대하실 때 예수님이 어떻게 그 상황에 가장 잘 맞는 대처를 하셨는지 살펴볼 것이다. 비교는 하되, 예수님 자신과 다른 사람의 상황에 맞추어 각각의 필요를 다루신 예수님의 행동에 특별히 초점을 맞출 것이다. 또한 그 상황에서 필요한 요구에 대해 역사적 인물과 예수님이 그에 대처하고 행동을 변화시킬 수 있었던 능력을 비교한 다음 결론을 도출할 것이다. 어떤 사람들은 한 유형을 다른 유형보다 많이 사용하고, 그들이 맞닥뜨린 상황의 필요에 따라 자신의 행동을 변화시키거나 바꾸지 못한 반면, 예수님은 여덟 가지 스타일을 모두 활용하신 것을 보게 될 것이다.

예수님은 하나님의 아들이면서 인간이셨으므로 이 세상에 계시는 동안 특정한 상황에서 드러난 예수님의 행동은 다양했을 뿐만 아니라 그 필요를 정확하게 충족시키셨다. 또한 각 사건들의 결과를 보면 예수님이 만드셨던 환경은 각 개인이 성숙하고 성장할 수 있는 가장 좋은 기회가 되었다. 우리는 이 연구를 통해 이 사실들을 분명히 확인할 수 있었다.

높은 D형(주도형) 행동유형

○ 높은 D형의 대표적 행동경향 ○

권력

자신이 원하는 긍정적 결과를 얻기 위해 환경이나
사람에게 힘이나 영향력을 행사할 수 있다.

통제

사람이나 사건을 통제하고 방향을 제시할 수 있다.

더글러스 맥아더

General Douglas MacArthur

○ 더글러스 맥아더 장군의 대표적 프로파일* ○

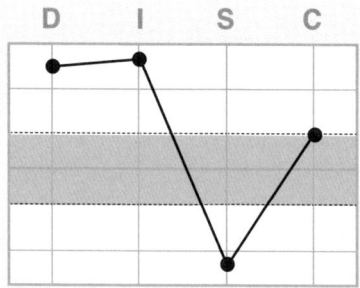

* 이 프로파일은 역사적 기록에 근거한 것으로 맥아더 장군의 행동유형을 가장 잘 나타내지만, 절대적으로 확신하기에는 불충분한 정보다.

높은 D형의 DISC 프로파일

일차적 욕구

매력과 설득력으로 통제하려는 강한 욕구가 있다.

개인적 재능

인상적인 발표로 목표를 성취하는 데 재능이 있다.

스트레스를 받을 때

위협적이며 다른 사람을 조종하려는 경향이 있다.

효과 증진책

모든 논쟁에서 이길 필요가 없다는 것을 인정한다.[1]

주

1. Ken Voges & Ron Braund, *Understanding How Others Misunderstand You* book, ⓒCopyright 1990, page 96. (『사람들은 왜 나를 오해할까?』 디모데 역간)

높은 D형의 행동 특성

성경 속 사례 연구 _ 마가복음 5:1-20 / 마가복음 1:21-28

일본 국민은 123세대 동안 신성한 그리고 절대적인 권력과 지배권을 소유하고 있다고 믿었던 천황의 통치 아래 있었다. 천황은 대중에게 절대 모습을 드러내지 않았으며 그의 목소리를 들어본 사람 또한 아무도 없었다. 일본이 제2차 세계대전에서 패배한 후 미국의 트루먼 대통령이 더글러스 맥아더 장군을 일본 총독으로 세우면서 히로히토 천황의 권위는 심각한 도전을 받게 되었다. 미국은 맥아더 장군에게 일본을 지배할 수 있는 절대적인 권력과 지휘권을 부여했기 때문이다. 하지만 일본 국민은 그의 지휘권을 대수롭지 않게 여겼다. 그것은 일본이 항복하는 조건에 천황이 계속 그 지위를 유지하는 것이 포함되어 있었기 때문이다.

1945년 9월 초 천황의 요청으로 두 사람은 처음 만났다. 이 모임은 중립 지역인 미국 대사관에서 이루어졌다. 이날 찍힌 사진 한 장이 그 다음 날 신문에 실렸다. 손에 모자를 들고 있는 작은 천황이 우뚝 솟은 맥아더 옆에 서 있는 것을 사람들이 보았다.[1] 대중에게 공개된 이 사진으로 일본 국민은 그제야 새로운 권력이 등장했다는 사실을 인정했다.

히로히토 천황이 이제껏 주장해온 자신의 신(神) 됨이나 신성을 포기했을 때 맥아더의 독립적인 성격, 단호함, 권위가 자연스럽게 드러났고, 아울러 그의 품격 있는 태도와 예의범절이 일본 국민이 원하는 영적 리더십의 필요를 채워줄 수 있었다. 어떤 일본 사람들은 "우리는 맥아더를 두 번째 예수 그리스도라고 생각한다"고 말하기도 했다.[2]

맥아더는 자신의 권한으로 국가 정책을 단지 시행하는 것이 아니라 새로 만들어나가려고 했다. 일본 총독이라는 자리는 그에게 자신의 의지대로 일할 수 있는 환경을 조성해주었다. 맥아더는 완전한 통제와 절대 권력을 행사할 수 있는 환경에서 일하는 것을 좋아했기에 이러한 특성은 그가 일본에 있는 동안 잘 들어맞았다.

맥아더는 자애로운 독재자로 5년 동안 일본을 통치하면서 수백만 명의 일본 사람들을 굶주림에서 벗어나게 해주었다. 또한 헌법 수정, 노동조합 허용, 여성에게 평등권 부여, 토지 개혁과 같은 여러 가지 개혁을 단행했다. 그의 높은 D형과 상황적 요인들이 잘 맞았던 것이다. 그것은 전쟁으로 폐허가 된 국가를 다시 세우는 긍정적인 결과로 이어졌다. 하지만 다른 상황에서는 이 같은 스타일이 맥아더가 몰락한 원인이 되었다.

솔로몬

열왕기상 3:16-28

"왕이 대답하여 이르되 산 아이를 저 여자에게 주고 결코 죽이지 말라 저가 그의 어머니이니라 하매"(왕상 3:27).

"온 이스라엘이 왕이 심리하여 판결함을 듣고 왕을 두려워하였으니 이는 하나님의 지혜가 그의 속에 있어 판결함을 봄이더라"(왕상 3:28).

높은 D형 기질을 지닌 사람들의 특징은 자신이 처해 있는 환경이나 대면하는 사람들에게 막강한 권력을 행사하는 것이다.

● **주된 특성**

지배적, 단도직입적, 요구가 많은, 영향력 있는, 독립적, 권위적, 환경을 통제하는, 위협적

● **높은 D형이 다른 사람에게 미치는 영향**

높은 D형이 무엇을 할 수 있는지를 알 때 나타나는 공포감, 두려움과 존경심, 서로 대립했을 때 개인적으로 느끼는 나약함, 분위기와 환경이 부담스럽고 대립할 소지가 있어 그의 존재만으로도 느껴지는 두려움

솔로몬의 높은 D형 리더십 스타일

삶과 일에 대한 통제와 권력 행사에 대해 이야기하자면, 지혜로 나라를 통치한 솔로몬을 성경인물의 사례로 들 수 있다.

열왕기상 3장을 보면 이스라엘은 그때까지 '여호와의 성전'을 아직 건축하지 않았기 때문에 이스라엘 백성은 기브온 산당에서 제사를 드렸다. 솔로몬이 제사드리러 산당에 갔을 때 하나님이 솔로몬의 꿈에 나타나 "내가 네게 무엇을 줄꼬 너는 구하라"(5절)고 말씀하셨다. 솔로몬이 아버지 다윗과 그에게 큰 은혜를 베푸신 것에 감사를 드린 후 "듣는 마음을 종에게 주사 주의 백성을 재판하여 선악을 분별하게 하옵소서"(9절)라고 구했다. 솔로몬은 자신의 젊음과 미숙함과 자신이 다스려야 할 무리의 거대함을 인정했다. 따라서 그가 주어진 일을 잘 감당하려면 하나님의 지혜가 필요했다.

11-14절을 보면 주님은 솔로몬의 기도가 마음에 드셨고, 그래서 솔로몬이 구한 것을 주겠다고 말씀하셨다. 뿐만 아니라 그가 구하지

않은 세상의 부귀와 영광도 주겠다고 하셨다.

솔로몬이 지혜로 나라를 다스린 대표적인 예가 16-18절에 나온다. 창기인 두 여인이 한 아기를 두고 자기가 엄마라고 주장하는 너무나 유명한 이야기다. 창기는 대개 아기를 갖는 것에 별로 관심을 두지 않았을 것이기 때문에, 언어학적으로 그녀들이 '창기'가 아니라 '접대부'라는 논란이 있기는 하나 이것은 별로 중요하지 않다. 중요한 것은 두 어머니가 한 아기를 두고 자기 아기라고 주장했고, 그들은 솔로몬이 누가 진짜 어머니인지 판결해주기를 바랐다는 점이다.

그들은 한집에서 살고 있었고 3일 차이로 사내아이를 낳았다. 그 중 한 어머니가 밤에 자던 중 자신의 아기 위로 굴러 아기가 죽자, 다른 어머니가 자고 있는 사이 그녀의 살아있는 아기를 자신의 죽은 아기와 바꾸었다. 그들은 서로 상대방이 그렇게 했다고 주장하며 솔로몬이 판결해주기를 원했다.

솔로몬의 지혜에는 모성 본능과 인간 행동에 대한 이해가 있었다. 그의 높은 D형 스타일은 누가 살아있는 아기의 진짜 어머니인지를 판가름을 낼 수 있게 도왔다. 그 어머니들을 향한 솔로몬의 도전은 극적이다. 그는 이렇게 말했다. "칼을 내게로 가져오라 하니 칼을 왕 앞으로 가져온지라 왕이 이르되 산 아이를 둘로 나누어 반은 이 여자에게 주고 반은 저 여자에게 주라."

진짜 어머니라면 자기 아이에게 아무 피해가 없도록 하리라는 것을 솔로몬은 본능적으로 알았다. 그가 내린 명령이 어떤 것인지를 알아챘을 때 나타난 두 여인의 반응을 보고 판단한 것이다. 진짜 어머니는 자기 아기를 구하기 위해 다른 여자에게 주라고 했다. 그러나 가짜 어머니는 솔로몬의 제안이 합리적이고 아이를 둘로 나누는 것이 공평하다고 생각했다. 그때 솔로몬은 누가 아기의 진짜 어머니인지 알았다.

하나님이 솔로몬에게 주신 지혜는 하나님이 주신 높은 D형 안에서 작용했다. 다른 성향을 가진 사람은 하나님이 주신 지혜로 솔로몬과는 달리 덜 극적이게 판단했을 것이다.

그러나 이 사례를 보면, 솔로몬의 주도형 리더십 스타일은 이 사건을 바라보는 사람들에게서 독특한 반응을 불러일으켰다. 군중은 그의 판결권 그리고 사건이나 사람들을 다스리는 능력에 조금도 의문을 갖지 않을 정도로 두려워하였다. 이 스타일이 적절하게 표출되었을 경우 사람들의 마음속에 즉각적이고 깊이 각인된다.

예수님의 높은 D형 리더십 스타일

예수님이 D형 행동유형을 나타내셨다고 믿기 어려울 수도 있다. 그러나 예수님은 귀신들이나 바리새인들을 대하실 때 바로 그렇게 행동하셨다. 마가복음 1장 21-28절과 마가복음 5장 2-20절은 이 행동유형의 정확한 예를 보여주고 있다.

예수님이 회당에 들어가셔서 사람들을 가르치기 시작하셨다. "뭇 사람이 그의 교훈에 놀라니 이는 그가 가르치시는 것이 권위 있는 자와 같고 서기관들과 같지 아니함일러라"(1:22). 서기관들이란 전문적으로 성경을 연구하는 학자들을 말한다. 예수님은 다른 사람들의 권위를 따르지 않으시고 사람들에게 성경에 대한 자신의 해석을 알려주셨다.

이 성경 본문을 읽을 때 우리는 귀신들에 대한 예수님의 권세와 예수님을 향한 그들의 반응에 초점을 맞추어야 한다. 또한 예수 그리스도의 메시지와 어조를 살펴보고 그분이 귀신들에게 어떤 영향을 미치셨는지 관찰해보아야 한다.

절대적 지배권과 권력에 대한 표현

"²¹그들이 가버나움에 들어가니라 예수께서 곧 안식일에 회당에 들어가 가르치시매 ²²뭇 사람이 그의 교훈에 놀라니 이는 그가 가르치시는 것이 권위 있는 자와 같고 서기관들과 같지 아니함일러라 ²³마침 그들의 회당에 더러운 귀신 들린 사람이 있어 소리 질러 이르되 ²⁴나사렛 예수여 우리가 당신과 무슨 상관이 있나이까 우리를 멸하러 왔나이까 나는 당신이 누구인 줄 아노니 하나님의 거룩한 자니이다 ²⁵예수께서 꾸짖어 이르시되 잠잠하고 그 사람에게서 나오라 하시니 ²⁶더러운 귀신이 그 사람에게 경련을 일으키고 큰 소리를 지르며 나오는지라 ²⁷다 놀라 서로 물어 이르되 이는 어쩜이냐 권위 있는 새 교훈이로다 더러운 귀신들에게 명한즉 순종하는도다 하더라 ²⁸예수의 소문이 곧 온 갈릴리 사방에 퍼지더라"(막 1:21-28).

"²배에서 나오시매 곧 더러운 귀신 들린 사람이 무덤 사이에서 나와 예수를 만나니라 ³그 사람은 무덤 사이에 거처하는데 이제는 아무도 그를 쇠사슬로도 맬 수 없게 되었으니 ⁴이는 여러 번 고랑과 쇠사슬에 매였어도 쇠사슬을 끊고 고랑을 깨뜨렸음이러라 그리하여 아무도 그를 제어할 힘이 없는지라 ⁵밤낮 무덤 사이에서나 산에서나 늘 소리 지르며 돌로 자기의 몸을 해치고 있었더라 ⁶그가 멀리서 예수를 보고 달려와 절하며 ⁷큰 소리로 부르짖어 이르되 지극히 높으신 하나님의 아들 예수여 나와 당신이 무슨 상관이 있나이까 원하건대 하나님 앞에 맹세하고 나를 괴롭히지 마옵소서 하니 [8]이는 예수께서 이미 그에게 이르시기를 더러운 귀신아 그 사람에게서 나오라 하셨음이라 [9]이에 물으시되 네 이름이 무엇이냐 이르되 내 이름은 군대니 우리가 많음이니이다 하고 [10]자기를 그 지방에서 내보내지 마시기를 간구하더니 [11]마침 거기 돼지의 큰 떼가 산 곁에서 먹고 있는지라 [12]이에 간구하여 이르되 우리를 돼지에게로 보내어 들어가게 하소서 하니 [13]허락하신대 더러운 귀신들이 나와서 돼지에게로 들어가매 거의 이천 마리 되는 떼가 바다를 향하여 비탈로 내리달아 바다에서 몰사하거늘 [14]치던 자들이 도망하여 읍내와 여러 마을에 말하니 사람들이 어떻게 되었는지를 보러 와서 [15]예수께 이르러 그 귀신 들렸던 자 곧 군대 귀신 지폈던 자가 옷을 입고 정신이 온전하여 앉은 것을 보고 두려워하더라 [16]이에 귀신 들렸던 자가 당한 것과 돼지의 일을 본 자들이 그들에게 알리매 [17]그들이 예수께 그 지방에서 떠나시기를 간구하더라 [18]예수께서 배에 오르실 때에 귀신 들렸던 사람이 함께 있기를 간구하였으나 [19]허락하지 아니하시고 그에게 이르시되 집으로 돌아가 주께서 네게 어떻게 큰 일을 행하사 너를 불쌍히 여기신 것을 네 가족에게 알리라 하시니 [20]그가 가서 예수께서 자기에게 어떻게 큰 일 행하셨는지를 데가볼리에 전파하니 모든 사람이 놀랍게 여기더라"(막 5:2-20).

이 두 성경 본문에는 예수님의 권위와 상황 통제력을 보여주는 여덟 부분이 있다.

1. 마가복음 5장 6절에서 귀신들린 한 사람이 멀리서 예수님을 보고 달려왔다. 그의 계획은 다른 사람들에게 했던 것처럼 예수님을 공포에 떨게 하려는 것이었다. 그러나 그가 가까이 와서 예수님께 "절하였다." 그 사람은 수많은 귀신에 들린 사람이었는데, 그 귀신의 군대가 그를 예수님 앞에 엎드려 굴복하게 한 것이다.
2. 7절에서는 귀신이 예수님께 자기들을 그만 괴롭히라고 애원했다. (예수님은 귀신에게 그 사람에게서 나오라고 하셨다.) 그들에게는 다른 선택권이 없었다. 불순종은 더 큰 고통을 초래할 뿐이었다.
3. 10절에서 귀신은 자기를 다른 지역으로 내보내지 마시기를 간구했다. 그들이 어디서 거처할지는 오직 예수님께 달려있었다.
4. 12-13절에서 귀신은 자기를 돼지 떼에게 보내 들어가게 해달라고 간구했다.
5. 18절에서 나음을 받은 사람이 예수님과 함께 가기 원했으나 예수님은 그의 요청을 거절하시며 말씀하시기를, 집으로 돌아가 예수님이 어떻게 큰 일을 행하셨는지 알리라고 하셨다.
6. 마가복음 5장에서는 예수님의 권위적인 가르침을 보고 사람들이 "놀라는" 모습을 볼 수 있다. 예수님은 자신의 권위로 가르치셨다. 다른 선생들처럼 옛 랍비나 서기관의 말을 인용하지 않으셨다.
7. 마가복음 1장 24절과 마가복음 5장 7절에서 귀신들은 "나사렛 예수여 우리가 당신과 무슨 상관이 있나이까 우리를 멸하러 왔나이까 나는 당신이 누구인 줄 아노니 하나님의 거룩한 자니이

다"고 소리 질렀다. 귀신들은 이것을 기정사실처럼 표현하였다. 귀신들은 예수님이 누구신지 알아봤음을 분명히 알 수 있다. 예수님은 최고 권위로 그들을 심판할 수 있는 분이었다. 그들은 또 자신들에게 예수님과 공통된 점이 하나도 없다고 고백하였다. 자기들이 예수님과 전혀 다르니 제발 그냥 내버려두라고 하고 싶었던 것이다. 하지만 예수님은 그렇게 하시지 않았다.

8. 마가복음 1장 25절에서 예수님은 간단명료하게 명령하셨다. "잠잠하고 그 사람에게서 나오라." 귀신들은 이 말씀에 순종할 수밖에 없었다.

귀신과 대면하시는 예수님의 어조

예수님의 어조는 단호하며 관대하셨다. 귀신과 대면하시는 동안 예수님은 자신의 권위를 단호하게 세우셨다. 마가복음 1장 25절에서, "예수께서 (귀신을) 꾸짖어" 말씀하시기를 "잠잠하고 그 사람에게서 나오라"고 하셨다. 마가복음 5장 8절에서는 "더러운 귀신아…나오라"고 하셨다. 예수님은 이 두 명령을 단호히 선포하시면서 다른 여지를 남겨놓지 않으셨다. 그러나 마가복음 5장 12-13절을 보면 주님은 귀신에게까지 은혜를 베푸셨다. 귀신이 겸손히 자신들을 돼지에게 보내 들어가게 해달라고 부탁하자 예수님은 그것을 "허락"하셨다. 예수님은 그들의 요청에 동의하지 않으셔도 되었지만 허락해주셨다.

사람들의 반응

귀신들렸던 사람이 단정하게 차려입고 제정신으로 돌아오자 사람들은 두려움에 떨었다. 초자연적 사건이 일어났음을 인지한 것이다. 그 후 사람들은 예수님께 그 지역에서 떠나기달라고 말했다. 그리고 귀신들렸던 사람이 예수님이 자기에게 어떤 큰일을 행하셨는지 나누자 사람들이 "놀랍게" 여겼다. 마가복음 1장 27절을 보면 회당에 있는 사람들은 예수님의 권위 있는 가르침에 "놀라"며 큰 충격을 받고 엄청난 감명을 받았다. 그들은 "이는 어찜이냐 권위 있는 새 교훈이로다 더러운 귀신들에게 명한즉 순종하는도다"고 강렬하게 표현했다. "새"라는 단어는 새로운 시대의 가르침이 아닌 새로운 질(質)에 대해 말하고 있는 것이다. 예수님의 행동은 그들이 지금까지 보아온 어느 권위자보다 더 훌륭했던 것이다.

결론

예수님은 귀신들을 대하실 때 끊임없이 높은 D형 기질, 즉 온전한 통제와 권위를 나타내셨다. 귀신들이 아무리 놀라운 능력을 가지고 있다 할지라도 예수님께 절대 도전하지 못했다. 오히려 그들은 예수님의 존재를 두려워했다. "사탄이 아무리 권능 있고 막강하다 할지라도, 그들은 우리의 구원자이자 그들의 창조주요 심판자와는 결코 상대가 되지 않는다."³ 우리가 예수님을 우리 자신의 구세주로 받아들이면 사탄에게는 우리를 통제하거나 영향을 미칠 어떤 권위도 권한도 없다.

주

1. William Manchester, *American Caesar,* Dell Publishing, New York, NY, Copyright © 1978, page 545.
2. 같은 책, page 556.
3. C. Fred Dickason, *Demon Possession and the Christian,* Moody Press, Chicago, IL, Copyright © 1987, page 31.

더글러스 맥아더

- 출생-사망   1880년 1월 26일, 미국 – 1964년 4월 5일
- 주요 참전   제1·2차 세계대전, 한국 전쟁
- 서훈 내역   명예 훈장, 육군수훈복무 훈장, 해군 수훈복무 훈장, 수훈비행 십자장, 은성 훈장, 동성 훈장, 퍼플하트 훈장
- **DISC** 스타일   IDC 평가자형

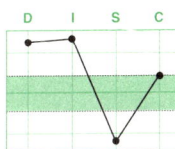

성장 과정

맥아더는 육군 고위 장교 출신인 아서 맥아더와 그의 성장에 큰 영향을 끼친 메리 하디 맥아더의 셋째 아들로 태어났다.

맥아더는 1903년 웨스트포인트 육군사관학교를 수석으로 졸업한 후 10년 동안 부관과 하급 부대 장교로 복무하고 이어서 4년 동안 일반 참모직을 수행했다. 1914년에는 멕시코 베라크루스에 주둔하고 있던 부대에서 복무하기도 했다. 1917년부터 1919년까지 제42사단 참모진이었던 맥아더는 제1차 세계대전 프랑스 전투 작전, 라인 지구 점령군 전투 등에서 활약하며 참모장, 여단장, 사단장 등 다양한 직책을 역임했다.

1920년대에는 모교인 웨스트포인트 육군사관학교 교장직을 맡아

많은 변화를 시도했다. 필리핀에서 복무할 당시에는 두 차례에 걸쳐 사령관직을 수행했으며, 2개의 미군 군단을 지휘했고, 1928년에는 미국 올림픽 위원회의 위원장직을 맡아 활약했다.

필리핀의 군사고문과 육군 원수 역할을 감당하고 있던 1935~1941년에는 재정적 어려움에도 필리핀 방위군을 조직하는 데 최선을 다했다. 1937년 미 육군에서 은퇴한 맥아더는 1922년 루이스 브룩스와 결혼했지만 이 관계는 7년밖에 지속되지 않았다. 1937년 잔 페어클로스와 재혼하여 외아들 아서를 얻었다.

업적

제2차 세계대전

1941년에 다시 군복을 입게 된 맥아더는 태평양 전쟁이 일어난 후 필리핀 지역 미국 극동군 총사령관을 맡으면서 일본군의 기세를 막아내는 공을 세운다.

그리고 이듬해인 1942년 남서태평양 전역 연합군 사령관으로 복무하기 위해 호주로 이동한다. 바로 공격을 시작하기로 결정한 맥아더는 뉴기니에서 시작해 1943년 1월에 파푸아에서 일본군을 몰아내는 데 성공한다. 1943부터 2년간 지속된 작전으로 맥아더의 부대는 뉴기니의 주요 전략 요충지들을 손안에 넣고 인접해 있는 섬들에 자리잡고 있던 일본군을 몰아내 그 섬들을 탈환한다.

그런 다음 대만보다 필리핀으로 진격하는 것이 우선이라고 판단한 맥아더는 1944년 모로타이, 레이테, 민도로를 공격한다. 맥아더는 레이테 작전에 이르러서야 제대로 된 병참 지원을 받을 수 있었다. 그 전에는 인원과 장비의 부족을 무릅쓰고 작전을 펼칠 수밖에 없었다.

많은 공을 세우며 승승장구하던 맥아더는 1945년 루손 전투에서 큰 손실을 입는다. 1945년 봄, 맥아더는 남부 필리핀과 보르네오 섬 탈환을 목표로 전투를 벌이는 동안 뉴기니와 솔로몬 제도 소탕 작전을 호주군에 일임한다. 다시 현역으로 복귀하고 3년만인 1944년에 맥아더는 육군 원수로 승진한다. 그로부터 3개월 뒤 맥아더는 태평양 지역 미군 총사령관으로 임명된다. 일본이 1945년에 항복하자 그는 1951년까지 일본 점령 연합군 사령관직을 맡아 일본군 해산, 군국주의자 축출, 경제 복구, 자유주의 헌법 기초 수립 등 여러 가지 일을 해낸다.

토지 재분배나 노동, 교육, 공중위생, 여성의 권리 신장 등 여러 영역에서 많은 변화를 일으켰다. 당시 그는 극동군 총사령관직까지 겸임했다.

한국 전쟁

1950년에 한국 전쟁이 발발하자 일본에 있던 맥아더는 주한 유엔군 사령관으로 발탁된다. 인력과 장비 부족 등으로 부산까지 밀린 한국군과 함께 북한군의 남진을 저지하고 인천상륙작전으로 서울을 수복하는 데 성공한 유엔군은 곧바로 북한으로 진격한다. 10월까지 선전을 계속하던 유엔군은 중공군이 개입하면서 11월에 잠시 주춤한다.

두 달 뒤 다시 진격을 시도했지만 맥아더가 상부의 명령에 복종하지 않아 임무를 수행하는 데 적합하지 않다는 판단을 내린 트루먼 대통령은 1951년 그의 사령관직을 박탈한다.

맥아더에 대한 평가와 DISC 스타일

맥아더를 잘 아는 사람들은 그가 자기와 같은 편이라고 생각하는 사람들에게는 굉장히 친절하고 부드럽게 대하며 자신의 것을 기꺼이 나눠주는 사람이지만 그렇지 않은 사람들에게는 냉정했다고 말한다. 그런 이유로 어떤 사람들은 맥아더가 자신밖에 모르고 강압적인 사람이라고 평하기도 한다. 그는 자기 휘하의 부하들이나 동료들에게 다정하고 용감하며 솔직하고 겸손했다. 무엇보다 그가 뛰어난 지능과 리더십을 가진 군인이었다는 점에는 많은 전문가도 동의한다.

그런 그의 DISC 성향은 IDC 직감형으로 자신을 둘러싸고 있는 환경을 제어하려 하는 경향이 있다. 자신이 원하는 바를 강력히 주장하는 특성 때문에 일본을 사실상 통치하고 있을 때에도 자신이 생각하는 여러 정책을 강력히 추진할 수 있었다. 이러한 특징 때문에 그는 강력하고 권위 있는 리더가 되었지만 대통령의 명령조차 불복종하고 중국에 원자폭탄을 투하해야 한다는 주장을 굽히지 않는 등 지나치게 자기주장을 고수하는 태도 때문에 결국 사령관직에서 물러나야 했다.

*출처: Daum 백과사전

낮은 D형 행동유형

○ 높은 D형과 낮은 D형의 대표적 행동경향 ○

높은 D형
독립성

다른 사람의 영향을 받지 않고 사람과 사건을 통제하며
권력을 행사할 수 있다.

낮은 D형
상호 의존

다른 사람과 협력하여 사람과 사건을 통제하고
권력을 행사할 수 있다.

조지 마셜

General George C. Marshall

○ 조지 마셜 장군의 대표적 프로파일* ○

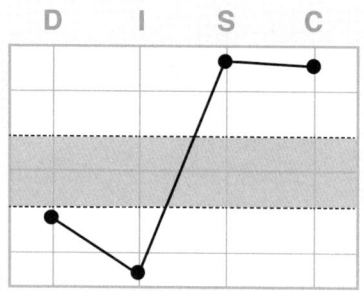

* 이 프로파일은 역사적 기록에 근거한 것으로 마셜 장군의 행동유형을 가장 잘 나타내지만, 절대적으로 확신하기에는 불충분한 정보다.

낮은 D형의 DISC 프로파일

일차적 욕구

주어진 일에 성실하고 책임감이 강하며 근면하다.

개인적 재능

시작한 일을 끝낼 수 있는 재능이 있으며 강인하다.

그룹에 기여하는 점

강한 행정 능력이 있고 매우 충성스럽다.

통제를 벗어났을 때

대단히 단도직입적이고 직설적이며 요구가 많다.[1]

주

1. Ken Voges & Ron Braund, *Understanding How Others Misunderstand You* book, ©Copyright 1990, 1995, page 177. (『사람들은 왜 나를 오해할까?』 디모데 역간)

낮은 D형의 행동 특성

성경 속 사례 연구 _ 마태복음 26:36-42

1943년 12월 4일, 루스벨트 대통령은 마셜 스탈린(Marshall Stalin)에게 유럽 상륙작전인 오버로드 작전(Operation Overlord)의 지휘권을 누구에게 맡길 것인지 결정하겠다고 약속했다. 이 직책은 제2차 세계대전에서 가장 명성을 날릴 수 있는 자리였다. 누구든 이 직책을 맡는 사람은 전쟁이 끝난 후 자신의 지위를 결정할 수 있는 권한을 갖게 될 것이다. 물론 대통령도 될 수 있다. 거의 모든 사람은 조지 마셜을 선택했다. 누가 보아도 그가 적격이었기 때문이다. 영국인들과 윈스턴 처칠도 이에 동의했다.

루스벨트는 조지 마셜에게 그가 누구를 선호하는지 개인적으로 물어보고 싶었다. 마셜은 조용히 그리고 단호히 대답했다. "각하, 제 생각은 마시고 이 나라의 이익과 당신이 만족하는 방향으로 자유롭게 선택하시기 바랍니다. 저는 기쁜 마음으로 당신이 원하는 길로 가겠습니다."[1] 루스벨트는 깊이 생각한 후 다음 날 오후 조지 마셜을 자신의 방으로 불러 다음과 같은 메시지를 작성했다.

마셜 스탈린에게.

아이젠하워 장군을 오버로드 작전의 지휘관으로 임명한다.

_ 루스벨트[2]

루스벨트는 조지 마셜에게 말했다. "나는 당신이 없는 나라에서 밤에 잠을 이룰 수 없을 것 같소." 무엇을 요구하거나 아무것도 제안하지 않은 채 마셜 장군은 조용히 서 있었다.[3] 그런 후 그는 루스벨트의 원본 메시지에 자신의 축하 메시지를 직접 써서 아이젠하워에게 보냈다. 이후 일어난 모든 일은 역사가 되었다.

유럽에서 승리한 아이젠하워는 전쟁 역사에서 가장 유명한 인물로 남게 되었다. 그는 자신의 회고록 『유럽 십자군』(Crusade in Europe)으로 수십억 원의 수익을 거두고 1952년에 대통령이 되었다.

전쟁이 끝난 후 조지 마셜은 해리 트루먼 대통령 아래에서 국무장관을 지냈고, 하버드 대학교에서 명예박사 학위를 받았다. 그는 자신의 연설에서 유럽을 경제적 재난에서 구해낼 프로그램에 대해 설명했다. 트루먼 대통령과 유럽 공동체가 찬성했고 의회가 자금을 승인했다. 이것이 그 유명한 마셜 플랜(Marshall Plan)이다. 그 플랜의 가장 중요한 목적은 전쟁으로 폐허가 된 대륙에 음식과 생활필수품을 보내는 것이었다. 그 결과 수백만 명을 굶주림과 치명적 질병에서 구해낼 수 있었다.

1953년 10월 31일, 자신의 생애 내내 이타적 노력을 멈추지 않은 마셜 장군은 노벨평화상을 받았다. 그는 지금까지 군 출신으로 이러한 명예를 얻은 유일한 인물이다.

마리아

누가복음 1:26-38

"천사가 대답하여 이르되 성령이 네게 임하시고 지극히 높으신 이의 능력이 너를 덮으시리니 이러므로 나실 바 거룩한 이는 하나님의 아들이라 일컬어지리라…대저 하나님의 모든 말씀은 능하지 못하심이 없느니라"(눅 1:35, 37).

"마리아가 이르되 주의 여종이오니 말씀대로 내게 이루어지이다 하매"(눅 1:38).

높은 D형이 통제권을 행사하고 독립적으로 일하는 것을 원하는 반면, 낮은 D형은 조화로운 팀에서 사심 없는 파트너가 되는 것을 선호한다. 낮은 D형은 높은 D형과는 반대로 비적대적인 성격을 드러내는 경향이 있다.

- **주된 특성**

지지하는, 수줍은, 상냥한, 조용한, 잘난 체하지 않는, 절제하는, 겸손한, 상호 의존적, 협력적

- **낮은 D형이 다른 사람에게 미치는 영향**

일을 수행할 때 다른 사람들에게 믿고 따를 수 있는 신뢰감을 준다. 이 유형의 사람은 팀에 온전히 헌신할 것이라는 믿음을 주기 때문에 다른 사람들이 이타적인 태도와 자신감을 갖게 한다.

마리아의 낮은 D형 리더십 스타일

다른 사람과 협력하여 일과 사람에게 권력과 통제를 행사할 수 있는 능력에 대해 이야기하자면, 천사가 예수 그리스도의 탄생에 관한 소식을 전했을 때 이에 응답한 마리아를 예로 들 수 있다.

천사와 나눈 대화 말미에 마리아는 그저 이렇게 대답했다. "말씀대로 내게 이루어지이다." 아주 단순한 대답으로, 다른 사람의 의지에 순종한다는 뜻이다. 이 의지는 팀플레이어가 되고자 하는 태도, 다른 사람의 계획에 따르는 것, 기꺼이 다른 사람과 어울리고 도움이 되는 것, 다른 사람이 채울 수 없는 틈새를 채우는 것 등으로 나타난다. 그러나 이 모든 특징은 아무 생각이 없거나 동기가 없는 사람이, 아무것에나 동의하는 것을 뜻하지 않는다. 그와는 반대로, 마리아는

믿기 힘들고 이해하기 어려운 사실에 압도되었다. 그럼에도 그녀는 이렇게 말했다. "말씀대로 내게 이루어지이다."

천사 가브리엘이 마리아에게 나타나 그녀는 하나님께 은혜를 받은 자라고 말해주었다. 또한 하나님이 특별한 축복과 은혜를 그녀에게 부어주셨음을 알려주었다.

본성이 매우 겸손하며 분석적인 마리아는 이 소식을 듣고 몹시 "놀랐다." 이 인사말이 무슨 뜻인지 생각하며 혼란과 당혹감에 빠졌다. 천사가 전해준 강력한 단어들을 듣고 마리아는 하나님이 자신을 특별하게 생각하시는 것이 과연 적합한지에 대해 복잡한 감정이 생겼다. 29절의 "어찌함인가 생각하매"에서 드러나듯 인사를 받을 때부터 마리아는 이 인사에 대해 아주 깊이 생각했다. 천사의 말을 이해하려고 했던 것이다. 미완료 시제로 쓰인 것으로 보아 이것이 그저 언뜻 지나가는 생각이 아니라 천사의 말을 이해하려는 지속적인 과정인 것을 보여준다. 그녀의 대답은 그녀의 행동유형과 정확히 일치한다.

가브리엘은 마리아의 이름을 부른 후 그녀가 사람들이 오랫동안 기다려온 메시아, 다윗 왕좌의 계승자인 하나님의 아들을 잉태할 것이며, 그분은 영원한 통치자가 되실 것이라고 설명해주었다.

하나님의 계획에 대한 가브리엘의 설명 후 그녀가 던진 유일한 질문은 방법적인 문제에 관한 것이었다. 즉, 남자와 관계가 없는 처녀가 어떻게 아기를 가질 수 있는가였다. 그녀는 질문도 방법적인 문제로 표현했다. "나는 남자를 알지 못하니(나는 아직 남자와 관계를 가진 적이 없습니다)."

하나님의 계획이 이루어질 것에 대한 추가 설명 후, 마리아는 하나님의 뜻에 전적으로 순종했다. 그녀는 이후 일어날 일을 다 이해하지 못했지만, 하나님의 계획과 하나님이 그녀에게 주신 위치에 순종하여 따르기로 결심했다. "말씀대로 내게 이루어지이다." 이는 낮은 D형 행동유형을 지닌 사람의 특징을 잘 드러낸다. 그녀는 협력함으로 권력을 행사하고 통제가 이루어지게 했다.

높은 D형 리더십 스타일은 대체로 독립적인 행동으로 나타나기 때문에 즉각적이고 역동적인 반응을 보이는 경우가 많다. 반면, 낮은 D형 리더십 스타일은 다른 사람들이 아예 알아차리지 못하고 넘어갈 때도 있다. 이 스타일은 팀의 목적을 이루기 위하여 움직이는 일에 큰 의미를 두고 행동한다. 하지만 그 사람의 협력이 없다면, 그 팀은 목적과 목표를 이루지 못할 수도 있다. 마지막 목표가 이루어졌을 때에야 그 사람의 중요성이 드러나기도 한다. 그렇다고 하더라도 이 리더십 스타일은 자신에게 사람들의 관심을 모으지 않는다. 그럼에도 결국에는 강한 영향력을 끼칠 수 있다.

예수님의 낮은 D형 리더십 스타일

마태복음 26장 36-42절은 예수님의 마지막 만찬 이후 그리고 예수님이 체포되시고 재판받으시고 십자가에 달려 돌아가시기 전 사건들을 기록하고 있다. 예수님은 베드로와 야고보 그리고 요한을 겟세마네 동산으로 데리고 가셨다. 다가오는 고난을 앞두고 철야 기도를 하시려는 것이었다. 그런데 불행하게도, 세 제자는 예수님을 도와드리기는커녕 깊이 잠들었다. 예수님은 아버지와 혼자 남아 앞으로 일어날 고통스러운 사건들에 대해 나누셨다.

협력을 드러내는 표현

"이에 예수께서 제자들과 함께 겟세마네라 하는 곳에 이르러 제자들에게 이르시되 내가 저기 가서 기도할 동안에 너희는 여기 앉아 있으라 하시고 베드로와 세베대의 두 아들을 데리고 가실새 고민하고 슬퍼하사 이에 말씀하시되 내 마음이 매우 고민하여 죽게 되었으니 너희는 여기 머물러 나와 함께 깨어 있으라 하시고 조금 나아가사 얼굴을 땅에 대시고 엎드려 기도하여 이르시되 내 아버지여 만일 할 만하시거든 이 잔을 내게서 지나가게 하옵소서 그러나 나의 원대로 마시옵고 아버지의 원대로 하옵소서 하시고 제자들에게 오사 그 자는 것을 보시고 베드로에게 말씀하시되 너희가 나와 함께 한 시간도 이렇게 깨어 있을 수 없더냐 시험에 들지 않게 깨어 기도하라 마음에는 원이로되 육신이 약하도다 하시고 다시 두 번째 나아가 기도하여 이르시되 내 아버지여 만일 내가 마시지 않고는 이 잔이 내게서 지나갈 수 없거든 아버지의 원대로 되기를 원하나이다 하시고 다시 오사 보신즉 그들이 자니 이는 그들의 눈이 피곤함일러라 또 그들을 두시고 나아가 세 번째 같은 말씀으로 기도하신 후"(마 26:36-44).

이 본문의 본질은 하나님이자 사람이신 예수님이 자신의 뜻을 하나님 아버지의 뜻에 자발적으로 복종하신 것이다. 37절은 예수님이 고민하고 슬퍼하셨다고 기록하고 있다. 이는 예수님이 어떤 문제나 고민거리에서 벗어나고 싶으셨으나 피할 수 없다는 사실에 대해 혼란스러워하셨음을 보여준다. 38절에서 예수님이 "내 마음이 매우 고민하여 죽게 되었으니"라고 하신 것을 보면 그 강도가 심화되는 것을 알 수 있다. 한 마디로 예수님은 마주하고 있는 고통스러운 상황으로 인해 깊은 고민에 빠지셨다는 것이다. 바꿔 말하면, 주님은 표현할 수 없을 정도로 감정적으로 눌려 계셨다.

39절에서 예수님은 "만일 할 만하시거든" 이 잔을 지나가게 해달라고 아버지께 기도드리셨다. 이 구절에는 고려해볼 두 가지 사항이 있다. 첫 번째는 예수님이 인간과 동일한 감정을 공유하시고, "이 잔"이 무엇인지 표현하시며, "이 잔"이 지나가기를 원하신다고 자신의 뜻을 말씀하신 것이다. "이 잔"은 이제까지 인류가 지은 모든 죄와 미래에 지을 모든 죄를 용서받도록 하시려고 모든 죄를 지고 고통을 받으시는 것이다. 이것은 또한 예수님이 십자가에 못 박히실 때 아버지와 아들이 분리되실 것을 가리킨다. 이 분리는 비록 일시적(6시간)이었지만, 영원(과거와 미래) 가운데 딱 한 번 아버지와 아들이 분리되신 시간이었다.

이 구절에서 두 번째로 고려해볼 사항은 "만일 할 만하시거든"이라고 하신 조건문이다. 이것은 첫 번째 조건으로, 이 잔은 예수님을 그냥 지나갈 수 있었다. 예수님은 십자가에 못 박히시지 않는 것도 하나의 선택사항이라는 사실을 감정적으로 표현하신 것이다. 그러나 그것은 아버지의 뜻이 아니었고, 인간을 구원하시려는 하나님의 은혜를 무효로 만드는 것이었다. 그러므로 예수님은 다른 길이 가능하다고 인정하시면서도 아버지의 뜻과 계획에 순종하셨다. 42절에서는 예수님이 다른 방법으로 이 조건을 말씀하신다. 예수님은 세 번째 조건, 즉 '또 다른 가능성이 있는 미래'에 대해 말씀하시는데 부정적인 방향으로 말씀하신다. "만일 내가 마시지 않고는 이 잔이 내게서 지나갈 수 없거든," (그럴 수밖에 없다), "아버지의 원대로 되기를 원하나이다." 이 두 조건절의 미세한 차이는 이 미묘한 시험에 대한 예수님의 태도를 정확하게 보여준다.

예수님의 인간적 의지는 십자가 고통에서 사라졌고, 예수님의 신성한 의지가 그 자리에 들어왔다. 그리하여 인류의 죄를 짊어지시고 십자가에 못 박히신 순간 일어난 아버지에게서 분리되는 아픔을 견뎌내셨다. (이 본문에서 예수님은 아버지와 세 번 대화하셨고, 매번 인류의 구원을 위해 아버지의 뜻에 복종하셨다.) 예수님이 치르신 값은 인간의 언어로 형언할 수가 없다.

결론

D형 행동경향에서 권력과 통제를 보여준 높은 D형과 낮은 D형의 두 모델은 모두 타당하다. 각 모델이 상황과 인간관계에서 최대한 효과를 얻어내려면 주어진 상황을 잘 이해하고 그에 맞는 스타일로 변화해야 한다. 맥아더와 마셜 두 사람 모두 각기 스타일은 다르지만 권력을 사용해 수많은 사람을 구해낼 수 있었다. 그러나 맥아더의 경우, 권력을 사용하는 자신의 방법을 상황에 맞추어 전혀 바꾸지 못했다. 한국 전쟁과 같은 다른 상황에서 그는 자기보다 높은 권력과 지휘권에 복종하고 협력할 수 없었기 때문에 그의 보직을 해임당했다. 반면, 마셜의 경우 루스벨트 대통령에게 자신이 선호하는 것을 말하지 못한 소극적인 태도로 오버로드 작전 사령관이라는 중책을 잃었다.

예수님은 각 상황에 필요한 권력과 통제 유형이 무엇인지 끊임없이 알아채셨다. 귀신들을 대면하시는 예수님의 권력과 통제는 단도직입적이고, 견고했으며, 독립적이고, 절대적이었다. 예수님이 죄에 대하여 권력과 통제를 행사하시고 승리하시기 위해서는 아버지의 뜻을 따르시고, 자발적으로 자기 생명을 포기하셔야 했다. 그로 말미암아 우리는 죄 사함을 받을 수 있었다. 이와 같은 이타적인 행동이 없었더라면 우리는 하나님 아버지와의 관계를 회복하지 못한 채 여전히 길을 헤매고 있었을 것이다.

주

1. Ed Cray, *General of the Army, George C. Marshall, Soldier and Statesman*, Touchstone Book, New York, NY, Copyright © 1990, page 446.
2. David Eisenhower, *Eisenhower at War 1943-1945*, Vintage Books, New York, NY, Copyright © 1987, page 45.
3. 같은 책, page 45.

조지 마셜

- 출생-사망   1880년 12월 31일, 미국-1959년 10월 16일
- 경력   미국 국방장관, 국무장관(1947),
             미 육군 원수(1944)
- 서훈 내역   1943년 〈타임〉지 선정 올해의 인물,
             1953년 노벨평화상
- DISC 스타일 SC 완벽주의형

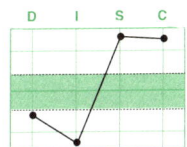

성장 과정

마셜은 버지니아 주에서 코크스와 석탄을 판매하는 가정에서 태어났다. 그는 유복한 환경에서 어린 시절을 보냈으나 1897년 버지니아 군사학교에 입학하면서 가정 형편이 기울어졌다.

입학 당시 그는 성적이 좋지 못했지만 지속적으로 노력한 결과 뛰어난 성과를 거두기 시작했다. 군인이 되기로 결심한 마셜은 마지막 해에 사관후보생 과정에서 수석으로 졸업한다. 이듬해인 1902년 2월에 소위로 임관한 후 엘리자베스 카터 콜스와 결혼했고, 18개월 동안 필리핀 복무를 시작한다. 그가 육군 참모총장까지 오를 수 있었던 이유로 엄격한 자기 관리와 좋은 학습 태도 그리고 리더십을 꼽는다.

마셜의 휘하 군인들은 그가 자신감 있고 차분하며 상황을 설명하

는 데 뛰어났으며, 부하들에게도 최선을 다하려 노력했다고 평가했
다. 때로는 도도한 태도 때문에 차가운 사람이라는 질타를 받기도
했지만 내면에는 철저한 자기 관리와 다른 이들을 향한 관심과 배려
가 담겨 있었다. 그는 아내와 사별한 후 1930년에 캐서린 터퍼 브라
운과 재혼한다.

1902년 복무를 시작한 지 42년 만인 1944년에 마셜은 마침내 육
군 원수의 자리에까지 오른다.

업적

제1차 세계대전

마셜은 제1차 세계대전이 발발했을 때 제1사단의 작전참모장으로 프
랑스로 이동해 제1군의 작전참모장을 맡은 1918년에 뫼즈아르곤 공
격을 이끌었다. 전쟁이 끝난 후 존 퍼싱 장군의 부관직을 5년 동안
수행했고, 포트베닝에 위치한 보병학교의 부교장직을 1927년에서
1933까지 맡으며 제2차 세계대전에서 많은 공을 세운 군인들을 양성
하는 데 큰 역할을 했다.

제2차 세계대전

1939년 9월 1일 독일이 폴란드를 공격하면서 제2차 세계대전이 발발
하자 마셜은 곧바로 육군 참모총장에 임명된다. 이후 6년 동안 그는

사단을 새롭게 편성하고 훈련을 체계화시켰으며, 새로운 장비와 무기의 개발과 더불어 최고의 지휘관을 양성했다. 마셜이 20만 명의 병력을 최신 장비를 갖춘 830만 명의 정예 병력으로 탈바꿈시키는 데는 4년이 걸리지 않았다. 그는 세계 여러 나라에서 열린 국제회의에 미국 참모장들을 대표해 참가했고, 영국해협에서 연합군을 지휘하여 독일군을 공격했다.

1945년 11월 21일 참모총장직에서 물러나지만 트루먼 대통령의 간곡한 설득으로 중국 내전에서 트루먼을 대신해 중재자 역할을 수행한다. 비록 중국 내전을 중재하는 데 성공하지 못하지만 1947년 국무장관직에 임명되면서 리더로서 그의 면모가 다시 입증되었다.

그 외

마셜은 두 차례에 걸친 전쟁으로 수많은 피해를 입은 유럽을 재건하기 위해 1947년 6월 마셜 플랜을 제안한다. 그 외에도 독립국가로서 이스라엘 승인, 나토(NATO) 창설 준비를 위한 예비회담, 그리스와 터키에 원조 제공 등 국무장관으로서 많은 업적을 이루었다. 국무장관에서 물러난 그는 다시 국방장관으로 임명되어 한국 전쟁을 도왔고, 전투력과 군비 생산 증대에 힘썼다.

1951년 이후 은퇴 없는 현역인 육군 고위급 장군으로 남아 정부에 언제든지 조언하는 역할을 했다. 그는 마셜 플랜의 성공과 세계 평화를 위해 기여한 바를 인정받아 1953년 노벨평화상을 수상했다.

마셜에 대한 평가와 DISC 스타일

마셜은 SC가 높은 온건하고 완벽주의적이며 전략적이고 합리적인 리더다. 때문에 그는 육군 참모총장 재임시 사단을 새로운 체계로 재편하고 새로운 훈련 체계를 도입하는 데 뛰어난 리더십을 발휘해 상관과 동료, 부하들 모두에게서 존경을 받았다. 그의 명성은 군을 넘어 정부와 대중에게도 알려졌다. 트루먼은 마셜을 가리켜 지난 30년 동안 가장 큰 공을 세운 미국인이라고 추켜세울 정도로 그를 신임했다.

*출처: Daum 백과사전

높은 I형(사교형) 행동유형

○ 높은 I형의 대표적 행동경향 ○

사람

사람의 필요, 문제와 사건에 반응할 수 있다.

관계

서로의 발전을 위해 다른 사람과 감정적으로 관계를 맺을 수 있다.

윈스턴 처칠

Sir Winston Churchill

○ **윈스턴 처칠 수상의 대표적 프로파일*** ○

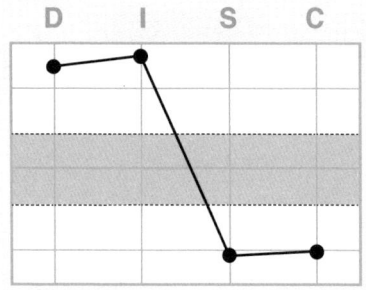

* 이 프로파일은 역사적 기록에 근거한 것으로 처칠 수상의 행동유형을 가장 잘 나타내지만, 절대적으로 확신하기에는 불충분한 정보다.

높은 I형의 DISC 프로파일

일차적 욕구

매력과 설득력으로 통제하려는 강한 욕구가 있다.

개인적 재능

언어 능력으로 목적을 달성하는 데 재능이 있다.

그룹에 기여하는 점

자기 견해를 명확하게 잘 설명한다.

통제를 벗어났을 때

말과 논쟁으로 다른 사람을 압도한다.[1]

주

1. Ken Voges & Ron Braund, *Understanding How Others Misunderstand You* book, ©Copyright 1990, 1995, page 96, (『사람들은 왜 나를 오해할까?』 디모데 역간)

높은 I형의 행동 특성

성경 속 사례 연구 _ 마태복음 14:13-21 / 마가복음 6:30-44 / 요한복음 6:1-14

1940년 5월 17일, 영국 전시 내각은 회의 도중 프랑스가 항복했다는 비보를 받았다. 영국은 이제 홀로 남은 것이다. 핼리팩스(Halifax) 경과 닐 체임벌린(Neil Chamberlain)을 포함한 일단의 영국 지도자들은 영국과 독일 사이의 적대감을 해소하기 위해 히틀러의 제안, 즉 협상에 의한 타결을 받아들이자고 주장했다.

영국의 새로운 수상 윈스턴 처칠은 그 의견을 거부했다. 그가 가진 가장 큰 은사 중 하나는 뛰어난 언어 구사력과 언어에 대한 애정으로 상세한 주장을 펼치고 근본적인 사실을 전달할 수 있는 것이었다. 즉, 그에게는 다른 사람들에게 알리고 납득시키고 영감을 줄 수 있는 능력이 있었다.[1]

다음 날 처칠이 영국 하원에서 한 연설은 이제까지 거기에서 발표된 모든 연설 가운데 가장 인상적인 것으로 평가되고 있다. 이 연설은 나중에 전국으로 방송되었다. 다음은 그 연설의 발췌문이다.

"이 전쟁에 기독교 문명의 존망이 달려있습니다. 이 전쟁에 영국의 생활방식, 장구한 역사를 이어온 대영제국 체제의 존망이 달려있습니다. 적은 총력을 기울여 우리를 공격할 것입니다. 히틀러는 우리를 이 섬에서 패배시키지 않고서는 전쟁에서 이길 수 없다는 것을 잘 알고 있습니다. 우리가 히틀러를 막을 수 있다면, 전 유럽이 자유를 찾고 인류가 밝은 삶을 누릴 수 있을 것입니다. 우리가 패배한다면 미국을 포함하여 우리가 아끼는 모든 것이 새로운 암흑 시대의 깊은 심연으로 추락할 것입니다. 우리 모두 힘을 내어 최선을 다해 자신의 본분을 다합시다. 그래서 앞으로 대영제국이 천 년 더 지속된다면 후대 사람들이 '그때가 영국민의 가장 찬란한 시기였다'고 말할 수 있게 합시다."[2]

그리고 정말 그렇게 되었다.

하원 의원 모두가 처칠을 응원했다. 그는 전쟁을 끝내기 위해 히틀러가 제안한 협상안을 받아들이겠느냐는 기자들의 질문에 이렇게 답했다. "나는 히틀러의 담화문에 대해 어떤 말도 하지 않겠습니다. 그와 협상 조건에 대해 이야기한다는 것은 더 말할 것도 없습니다."[3]

처칠은 말로 격려할 뿐만 아니라 매일 사람들 사이를 걸으며 그들을 터치하고 격려하고 위로해주었다. 처칠의 이러한 지속적인 격려에 힘입어 영국 국민은 자신들이 내린 결단에 조금도 흔들리지 않았다. 그는 음식과 주거를 제공하며 국민을 위해 할 수 있는 모든 것을 했지만, 마음이 아플 때는 차 안에서 남몰래 눈물을 훔치기도 했다.

베드로

사도행전 3-4장

"그 걷지 못하던 사람이 벌떡 일어나 걷기 시작했습니다. 그는 두 사람과 함께 성전으로 들어가 걷기도 하고, 껑충껑충 뛰기도 하면서, 하나님을 찬양하였습니다…사람들은 그가 전부터 성전의 '아름다운 문'에 앉아 구걸하던 바로 그 사람이라는 것을 알고서, 눈 앞에서 벌어진 이 일로 인해 크게 놀라며 이상하게 생각했습니다"(쉬운성경, 행 3:8, 10).

"베드로가 이것을 보고 백성에게 말하되 이스라엘 사람들아 이 일을 왜 놀랍게 여기느냐…예수로 말미암아 난 믿음이 너희 모든 사람 앞에서 이같이 완전히 낫게 하였느니라…그러므로 너희가 회개하고 돌이켜(라)…말씀을 들은 사람 중에 믿는 자가 많으니 남자의 수가 약 오천이나 되었더라"(행 3:12, 16, 4:4).

높은 I형은 다른 사람과의 관계를 열망하는 경향적 특징이 있다. 일반적으로 높은 I형은 자신의 생각과 감정을 전하기 위하여 생동감 있는 문장을 잘 사용할 줄 아는 탁월한 의사전달자다.

● **주된 특성**

격려와 확신과 희망에 찬 말로 다른 사람에게 영향을 주는 데 대가다. 대중과 교제하고 소통하며, 다른 사람의 필요를 감지하고 그것을 만족시키기 위해 긍정적인 능력과 계획들을 행동으로 옮긴다.

● **높은 I형이 다른 사람에게 미치는 영향**

그들과 함께 있으면 관심과 보호를 받는 듯한 느낌을 받는다. 안심시키고 수용하는 분위기를 만든다. 절망의 시간에 격려와 소망을 준다.

베드로의 높은 I형 리더십 스타일

높은 I형의 은사를 가진 사람의 강점은 사회적 상황에서 '사람'에 초점을 맞추어 그의 필요를 채울 수 있는 능력이다. 사도행전 3장에서 베드로를 통해 일어난 사건은 이 능력을 아주 잘 묘사하는 예다.

그 사건의 배경은 특별하지 않았다. 베드로와 요한은 기도하러 성전에 올라가던 중 나면서부터 걷지 못하는 사람이 성전 문 앞에서 구걸하는 것을 보았다. 그는 두 사도에게 돈을 달라고 애원했다. 뒤이어 벌어진 일은 높은 I형인 베드로의 사교 능력과 대인관계 능력을 잘 보여준다.

4-6절 베드로는 그 사람의 관심을 끌며 "우리를 보라"고 말했다. 이 말은 대단히 강한 표현으로 '지금 당장 여기를 보라'는 말이다. 그 사람이 온전히 주의를 집중했을 때 베드로는 자기들에게 돈은 없으나 예수 그리스도에게서 난 더 좋은 것이 있다고 말했다.
그 후 베드로는 6절에서 "나사렛 예수 그리스도의 이름으로 일어나 걸으라"고 말했다. 이 말은 또 하나의 명령으로 '걸어 다녀라, 움직이기 시작해라'는 뜻이다.

7절 이후 베드로는 그의 "오른손을 잡아 일으키는" 모습으로 높은 I형의 '실천적' 경향을 보여준다. 이것은 '네가 일어서도록 내가 도와줄게'라는 정도의 행동이 아니었다. 여기서 나오는 "잡아"라는 단어는 '붙잡아 구금시키다'는 뜻이다. 당국이 어떤 사람을 체포할 때 또는 어떤 사람을 '덤벼들어 잡을' 때 쓰인다. 성경은 베드로가 그를 잡아 일으키자 그의 발과 발목이 힘을 얻었다고 말한다. 이후 그는 달리고 뛰면서 하나님을 찬양했고, 그가 나면서부터 걷지 못한 사람인 것을 아는 모든 사람의 이목을 집중시켰다.

11절 사람들은 큰 놀라움으로 반응했고, 이것은 베드로에게 결정적 계기가 되었다. 그들은 이 기적의 근원으로서 베드로와 요한에게 이목을 집중했던 것이다.

13절 베드로는 자기를 드러내지 않고, 탁월한 언어 구사 능력으로 하나님과 예수 그리스도가 그 기적의 원인이자 능력의 수단이 되심을 알렸다. 이후 그는 군중이 어떻게 예수님을 거부하고 십자가에 못 박았는지를 설교했다. 살인한 사람을 지지하고 도리어 거룩하고 의로운 분을 거부한 것을 회개하게 했다. 그는 능숙한 말솜씨로 오직 예수로 말미암은 믿음만이 사람을 죄에서 구해낼 수 있다는 것을 말해주었다(16절).

17절 베드로는 사람 중심의 탁월한 리더십 스타일을 바탕으로 "너희가 알지 못하여서 그리하였으며 너희 관리들도 그리한 줄 아노라"고 하면서 공격적이었던 자신의 말을 완화시켰다. 그는 선지자들과 모세가 예수 그리스도에 대해 예언한 것과 그들이 회개하고 주 예수를 믿어야 한다는 것을 말했다.

베드로는 걷지 못하는 사람의 실질적인 필요에 초점을 맞추었다. 그가 진정으로 필요로 한 신체적 부족함을 통해 그를 그리스도께로 인도했다. 그 후 베드로는 군중의 관심을 구세주에 대한 필요로 방향을 돌렸다. 그러자 그들은 예수 그리스도의 죽음에 대해 죄책감을 갖게 되었고, 회개하고 그리스도를 믿음으로 용서받게 되었다. 그 결과는 놀라웠다. 베드로의 설교를 듣고 오천 명(여자와 아이를 뺀 숫자)이 믿었다.

　베드로의 사례 연구를 보면, 높은 I형 리더십 스타일은 독특한 방법으로 사람에게 다가가 안도감의 필요를 채워주는 능력이 있다. 또한 이 스타일은 민감하고 영감을 주는 메시지를 전함으로 그 말을 들은 사람이 행동으로 옮기고 싶도록 만드는 능력이 있다.

예수님의 높은 I형 리더십 스타일

예수님은 말씀을 전하실 때 도덕적이고 영적 의미가 담겨있는 비유나 일상생활의 경험을 사용하셔서 높은 I형의 기술을 보여주셨다. 예수님은 다른 여러 방법과 함께 이 방법을 사용하셨다.

사람과의 관계에서 표현된 예수님의 높은 I형 기질

예수님은 언제든지 필요할 때마다 시간을 내어 사람들에게 다가가셨다. 마태복음 14장 10-21절은 그 예로 적합하다. 세례 요한의 죽음에 대해 들으신 예수님은 혼자 있기를 원하셨다. 그런데도 예수님은 자신과 함께 있고 싶어 하는 많은 사람과 만나셨다.

"예수께서 나오사 큰 무리를 보시고 불쌍히 여기사 그 중에 있는 병자를 고쳐 주시니라 저녁이 되매 제자들이 나아와 이르되 이 곳은 빈 들이요 때도 이미 저물었으니 무리를 보내어 마을에 들어가 먹을 것을 사 먹게 하소서 예수께서 이르시되 갈 것 없다 너희가 먹을 것을 주라 제자들이 이르되 여기 우리에게 있는 것은 떡 다섯 개와 물고기 두 마리뿐이니이다 이르시되 그것을 내게 가져오라 하시고 무리를 명하여 잔디 위에 앉히시고 떡 다섯 개와 물고기 두 마리를 가지사 하늘을 우러러 축사하시고 떡을 떼어 제자들에게 주시매 제자들이 무리에게 주니 다 배불리 먹고 남은 조각을 열두 바구니에 차게 거두었으며 먹은 사람은 여자와 어린이 외에 오천 명이나 되었더라"(마 14:14-21).

마태와 마가 둘 다 예수님이 큰 무리를 보셨을 때 그들을 "불쌍히 여기셨다"고 기록한다. 둘 다 다른 사람에 대해 '측은히 여기다', '인정에 끌리다', '동정심을 느끼다'는 뜻을 가진 같은 단어를 사용했다. 이 단어는 문자 그대로 '내장을 휘젓는'이라는 뜻을 가진 어원에서 나왔다. 그들은 사람의 감정이 내장 기관에서 나온다는 고대의 사고방식에 근거해 그 어원을 가진 단어를 사용했을 것이다. 예수님은 이 무리에 관하여 다음 두 가지를 걱정하셨다.

1. 마태는 예수님이 그들을 불쌍히 여기시고 병을 고치셨다고 말한다.
2. 마가는 예수님이 그들을 불쌍히 여기신 이유가 그들이 "목자 없는 양"과 같기 때문이고, 예수님은 그들에게 많은 것을 가르치셨다고 말한다. 마태복음 9장 36절은 이 측면에서의 걱정을 이렇게 기록하고 있다(다른 경우에는 그것이 사람을 향한 관심으로 비친다).

"무리를 보시고 불쌍히 여기시니 이는 그들이 목자 없는 양과 같이 고생하며 기진함이라."

예수님이 큰 무리를 가르치시는 동안 날이 저물고 있었고 사람들에게는 먹을 것이 필요했다. 제자들은 무리를 보내고 싶어 했지만 예수님은 그들의 필요를 채워주고 싶어 하셨다. 마가는 "날도 저물어가니"라고 하는 반면, 마태는 "저녁이 되매"라고 말하고 있다. 유대인들의 시간 개념에서 저녁은 두 가지 개념을 가지고 있었는데, 하나는 오후 3시에 시작되었고, 또 하나는 일몰에 시작되었다. 이 사건은 대략 오후 3시에 일어났고 사람들에게는 음식이 필요했다. 이것이야말로 예수님이 한 번에 두 마리 토끼를 잡으실 수 있는 기회였다. 그것은 사람들에게 식량을 공급해주면서 동시에 제자들을 가르칠 수 있는 기회였다. 주님은 제자들에게 사람들을 먹이라고 하셨는데, 그들은 그것이 인간적으로 할 수 없는 일임을 알았다. 주님은 처음부터 사람들을 기적적으로 먹이려고 하셨다.

"이렇게 말씀하심은 친히 어떻게 하실지를 아시고 빌립을 시험하고자 하심이라"(요 6:6).

이 사건으로 두 가지 목적이 이루어졌다. 즉, 큰 무리의 육체적 필요가 채워졌고, 제자들의 영적 필요가 채워졌다.

마태복음 14장은 예수님이 그들을 "잔디 위에 앉히셨다"고 기록하고 있다. 그것은 일반적으로 윗사람이 지시할 때 사용하는 표현이었다. 무리는 선생님의 높은 지위를 알고 그분께 순종했다. 그들은 관례적으로 랍비 앞에서 학생들이 앉는 것처럼 줄을 맞춰 앉았다. 예수님은 떡 다섯 개와 물고기 두 마리로 5천 명의 남자와 여자 그리고 아이들을 먹이셨다. 그 시간은 교제를 나눌 수 있는 놀라운 기회가 되었고, 훌륭한 소풍이었으며, 경이로움과 즐거움으로 가득 찬 특별한 깨달음의 날이었다.

무리를 대하시는 예수님의 어조

무리와 함께하셨을 때 예수님의 어조와 스타일을 보면 여유롭고 친절하셨다는 것을 알 수 있다. 예수님은 자주 앉아서 식사를 하시며 가르치셨다. 그분의 교수법을 보면, 일상적인 일들에서 나온 이야기나 예를 사용하시는 경향이 있다. 예수님은 머릿속에 그림을 그릴 수 있도록 말씀해주시는 데 달인이셨다. 또한 예수님은 삶의 한 단면에 초점을 잘 맞추셨다. 주님은 각 개인의 필요를 채우심으로 그들과 관계를 맺는 일에 열정을 다하셨다.

사람들의 반응

요한복음 6장 14절에 따르면 사람들은 식사를 마친 후 "이는 참으로 세상에 오실 그 선지자라"고 반응했다. 사람들은 이 기적을 보고 예수님이 메시아와 어떤 관련이 있음을 알게 되었다. 그러나 그들은 구약 예언서에서 말하는 메시아가 어떤 의미인지 충분히 이해하지 못했다. 대신 그들은 주님을 강제로 정치권에 입성시켜 로마 정부를 전복시키는 데 앞장서게 하려는 욕구를 드러냈다.

결론

예수님이 사람들의 필요를 채우실 때는 항상 높은 I형의 특성을 보이셨다. 그분은 비유로 말씀하셨고, 절망과 괴로움의 시간을 살고 있는 군중에게 희망을 주려는 목자의 마음을 드러내셨다. 그러나 요한복음 6장 15절에 나오는 것처럼 "자기를 억지로 붙들어 임금으로 삼으려는" 사람들의 반응 때문에 주님은 낮은 I형으로 전략을 바꾸셨다.

주

1. Martin Gilbert, *Churchill A Life,* Henry Holbert and Company Touchstone book, New York, NY, Copyright© 1991, page xx.
2. John Strawson, *Churchill and Hitler,* In Victory and Defeat, Fromm International, New York, NY, Copyright© 1997, page 274.
3. 같은 책, page 279.

윈스턴 처칠

- 출생-사망   1874년 11월 30일, 영국-1965년 1월 24일
- 학력   해로우 스쿨, 샌드허스트 육군사관학교
- 경력   영국 통상부 장관(1903), 영국 해군부 장관(1915), 영국 군수부 장관(1917), 영국 육군부 장관(1919), 영국 공군부 장관(1919), 영국 총리(1940)
- 수상 내역   노벨문학상(1953)
- DISC 스타일   ID 직감형

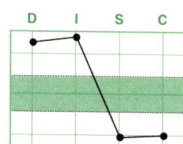

성장 과정

윈스턴 처칠의 아버지는 저명한 정치가였고, 어머니는 부유한 집안 출신이었다. 그는 어려서부터 자기주장이 강했고 학교 성적은 그다지 좋지 못한 말썽꾸러기였다. 그의 아버지는 그러한 자기 아들에게는 군인 외에는 다른 길이 없다고 여겨 해로우 스쿨로 진학하게 했다.

처칠은 학과 공부에는 관심이 없었으나 독서를 좋아했는데, 그 중에서도 문학과 역사책을 탐독했다. 때문에 그는 브라이튼 스쿨로 전학을 가야 했고, 세 번의 도전 끝에 마침내 샌드허스트 육군사관학교에 입학했다.

1940년 처칠은 네빌 체임벌린의 뒤를 이어 영국 총리의 자리에 오

른다. 그는 미국의 루스벨트, 소비에트 연방의 스탈린과 함께 제2차 세계대전의 승패에 영향을 미칠 여러 가지 결정을 내렸다. 1945년 총리직에서 내려온 처칠은 1951년 다시 총리에 취임했다. 그 기간에 그가 가장 몰두했던 정책적 문제는 미국과의 관계와 독일의 재무장 문제였다. 건강 문제로 총리직을 내려놓은 처칠은 1965년 90세를 일기로 세상을 떠났다.

업적

보어 전쟁

1899년 영국과 트란스발 공화국 사이에 보어 전쟁이 벌어졌다. 전쟁이 터지자 〈모닝포스트〉지는 처칠을 특파원으로 보낸다. 처칠은 전쟁의 참상을 취재하던 도중 다른 영국 군인들과 함께 포로로 잡힌다. 그러나 그는 탈출을 감행하여 1900년 7월 영국으로 돌아오는 데 성공한다. 처칠의 용기는 높이 평가받았고, 결국 그 해 하원의원으로 당선된다.

보수당 소속으로 정치를 시작한 처칠은 당의 노선이 자신의 생각과 맞지 않자 1904년 자유당으로 옮긴다. 1908년 통상장관으로 임명된 처칠은 영국 역사상 처음으로 최저임금제를 실시했다. 또한 실업자들을 구제하기 위하여 직업소개소를 세운다. 그 외에도 처칠은 최초로 실업연금제도를 도입하려 했고, 영국의 복지 체계를 다시 세우기 위해 부유층에게 세금을 더 거두는 법안도 추진했으나 거센 반대에 부딪혀 무산됐다. 하지만 1910년 자유당은 두 번의 선거에서 승리를 거두었고 결국 그 법안은 통과되었다. 그 후 처칠은 내무장관에 올랐다.

제1차 세계대전

1914년 7월 28일 제1차 세계대전이 발발했다. 8월 4일 영국의 참전 결정에 따라 처칠은 군대를 파견한다. 독일군의 진격을 늦추고 도시 두 개를 독일군의 손아귀에서 구하는 데는 성공하지만 그 후 다르다넬스 작전에서 실패하며 큰 손실을 입었다. 그 실패로 처칠은 장관직을 사임했다.

제2차 세계대전

제1차 세계대전이 끝나고 세계가 잠잠해질 때쯤 독일이 폴란드를 침공하며 제2차 세계대전이 시작되었다. 당시 해군 장관이었던 처칠은 교전만 가끔 벌어지던 해전에서 지속적인 선제공격으로 승리를 거두면서 이름을 알렸다. 네빌 체임벌린은 많은 우려의 목소리를 잠재우고 처칠을 자신의 후임자로 세워 3당과 군대를 모두 통솔할 수 있는 지휘권을 위임한다. 1940년 수상으로 임명된 처칠은 영국을 위해 기꺼이 희생하고 절대 항복하지 않겠다는 연설로 하원과 국민의 마음을 움직였다.

독일은 영국의 전의를 빼앗으려고 대대적인 폭격을 가했지만 처칠은 대국민 연설로 끊임없이 희망을 강조했고, 미국과의 연합을 더욱

공고히 했다. 그러다 독일이 소련까지 공격하는 상황이 벌어지자 그동안 적대 관계였던 소련과도 연합하는 등 전쟁에서 승리하기 위해 최선을 다했다. 전쟁이 끝나기 직전 수상의 자리에서 물러날 수밖에 없었지만 전쟁 중 그가 이룬 업적은 절대 과소평가 될 수 없는 것이었다.

처칠은 1953년 자신의 경험을 토대로 출간한 『제2차 세계대전 회고록』으로 노벨문학상을 수상했다.

처칠에 대한 평가와 DISC 스타일

처칠은 사납고 고집스러운 불독에 비유되기도 하지만 그는 화려한 언변(ID형)으로 영국민들을 하나로 결집시킬 수 있었다. 그의 불굴의 용기(D형)와 리더십이 아니었다면 오늘날 우리는 지금과 훨씬 다른 세상을 살고 있을지도 모른다. 사교형(I)과 주도형(D)이 높은 그는 어렸을 때는 산만한 아이에다 좋지 않은 성적으로 낙제생이라는 딱지가 붙었지만, 후에 타고난 강함과 설득적 기질을 발휘하여 군인으로 인정받고 사람들의 마음을 사로잡는 정치적 리더가 될 수 있었다. 해군장관 재임시 그가 적과의 전투에서 방어 전술보다는 선제공격이라는 적극적인 전술을 선택한 것은 그의 주도형 특성 때문인 것으로 해석할 수 있다.

*출처: Wikipedia

낮은 I형 행동유형

○ 높은 I형과 낮은 I형의 대표적 행동경향 ○

**높은 I형
대인관계**

사회적 상황에서 '사람'에 초점을 맞춰 필요를 채울 수 있다.

**낮은 I형
자기 성찰**

사람들이 무엇을 원하는가에 반응하기보다
그들에게 무엇이 '최선'인가에 초점을 맞출 수 있다.

해리 트루먼

President Harry S. Truman

○ 해리 트루먼 대통령의 대표적 프로파일* ○

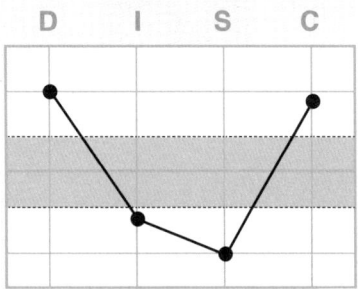

* 이 프로파일은 역사적 기록에 근거한 것으로 트루먼 대통령의 행동유형을
가장 잘 나타내지만, 절대적으로 확신하기에는 불충분한 정보다.

낮은 I형의 DISC 프로파일

일차적 욕구

새로운 개념을 개발하는 데 선두 주자가 되려는 욕구가 있다.

개인적 재능

변화를 가져오는 데 유능하다.

그룹에 기여하는 점

과감한 결정을 할 때 다수의 의견에 굴하지 않는다.

효과 증진책

따뜻하게 의사소통하고 비판적인 태도를 누그러뜨려야 한다.[1]

주

1. Ken Voges & Ron Braund, *Understanding How Others Misunderstand You* book, ⓒCopyright 1990, 1995, page 98, (『사람들은 왜 나를 오해할까?』 디모데 역간)

낮은 I형의 행동 특성

성경 속 사례 연구 _ 마태복음 14:22-23 / 마가복음 6:45-46 / 요한복음 6:15

1947년 11월 29일 토요일, 미국 대표를 포함한 유엔 대표들은 팔레스타인 분할이라는 중대한 사안을 놓고 투표를 벌였다. 영국은 1948년 5월 14일에 팔레스타인을 관할하는 책임이 유엔으로 넘어갈 것이라고 발표하였다.[1] 아랍인들은 분할을 전쟁으로 받아들였다. 미 대통령과 미국의 딜레마는 유대 국가를 공식적으로 인정하고 중동 지역에서 전쟁 위험을 감수할 것인가 하는 것이었다.

마셜 플랜의 설계자인 조지 마셜이 이끌고 있던 미 국무부는 이를 강하게 반대했다. 마셜이 두려워한 것은 전쟁뿐만 아니라 중동 각국이 미국과 유럽으로 석유 선적을 거부하는 것이었다. 나아가 중동의 평화를 유지하기 위해 약 10만 명의 미군이 필요할 것이라는 추측도 있었다.

트루먼의 생각은 달랐다. 그는 구약과 신약에 푹 빠져 있는 사람이었다. 그는 그 결정이 주님께 선택받은 백성이 2,500년간 지속해온 방랑 생활을 끝내는 데 도움을 줄 수 있고, 유대인 대학살에 대한 정의를 실현할 수 있을 것이라고 판단했다.[2] 이 문제를 논의하기 위해 미 대통령과 미 국무부의 지도부는 5월 12일에 만났다. 대통령은 마셜의 지지가 필요했다. 그러나 마셜은 그 의견에 강하게 반대했다. 반면 대통령의 법률 전문가 중 한 명인 클라크 클리포드(Clark Clifford)는 적극 지지했다. 이날 모임은 끓어오르는 분노와 얼음장같이 차가운 대결국면을 오갔다. 마셜은 트루먼 대통령을 힐난하며 만일 대통령이 클리포드의 조언을 따른다면, (1948년) 11월에 있을 선거에서 자신은 대통령에게 반대 투표를 하겠다는 의사를 밝혔다.³ 이것은 트루먼 대통령이 최측근에게서 받은 가장 날카로운 질책이었다. 마셜의 지지를 잃는다는 것은 대통령에 재선되는 희망이 모두 사라지는 것과 마찬가지였다. 마셜이 그 방을 나가기까지 죽음과 같은 정적이 흘렀다.

트루먼은 마음속으로 이스라엘을 인정하는 것이 올바른 결정이라고 느꼈다. 그러나 그렇게 한다면 마셜은 사임할 것이고, 그것은 자신의 재선에 사형선고와 같은 것이라는 두려움에 사로잡혔다. 그럼에도 결국 그는 자신의 결정을 따랐다. 이 승인이 발표되는 날 아침, 마셜은 대통령에게 전화를 걸어 그의 입장을 지지할 수는 없지만 공개적으로 반대하지는 않겠다고 했다.³ 트루먼은 그것으로 충분했다. 1948년 5월 15일 워싱턴 시간으로 10시에 이스라엘은 독립을 선언했다. 11분 후 백악관은 대통령이 이것을 온전히 무조건적으로 승인했다고 발표했다.⁴ 미국은 전 세계에서 처음으로 이스라엘의 독립을 선포했다. 이스라엘은 2천 년 만에 다시 국가로 세워진 것이다.

마셜은 대통령의 결정을 공개적으로 비난하거나 아니면 사임하라는 엄청난 압력을 받았다. 그는 이렇게 대답했다. "아닙니다, 여러분. 저와 같은 직책에서 헌법상의 책임을 지닌 사람이 자신이 동의하지 않는 결정을 한다고 사임하는 것은 옳지 않습니다."⁵ 마셜은 약속을 지켰고 각료 중 아무도 사임하지 않게 막았다.

반면 트루먼은 자신이 유대인을 위해 무언가를 할 수 있었음에 크게 기뻐했고, 그들이 보내오는 지속적인 지지에 깊이 감동했다. 훗날 백악관을 방문한 이스라엘의 랍비장 아이작 할레비 헤르조그(Isaac Halevi Herzog)는 "2천 년이 걸린 이스라엘의 재탄생을 위한 도구로 쓰시기 위해 하나님은 당신을 지으셨다"고 말하며 트루먼을 칭송했다.⁶

트루먼의 곁에 섰던 보좌관 중 한 명은 이를 과장된 표현이라고 생각했지만, 대통령의 두 볼에 눈물이 흘러내리는 것을 볼 수 있었다. 이스라엘의 독립 승인은 트루먼의 인생에서 가장 뜻 깊은 결정이었다. 그리고 그는 1948년 선거에서 재선에 성공했다.

높은 I형은 다른 사람과 일하는 것을 좋아하는 반면, 낮은 I형은 혼자 일하는 것을 편안해한다. 높은 I형의 결정은 사회적 압력이나 정치적으로 타당한 반응에 자주 영향을 받는 반면, 낮은 I형은 어떤 문제의 사실에 초점을 맞출 수 있는 독특한 능력을 지니고 있다. 이 사건에서 트루먼은 낮은 I형 기질을 보여주었다. 트루먼이 결정을 내린 후 마셜은 대통령을 지지했는데 이 또한 낮은 I형 기질의 특성이다.

사무엘과 사울

사무엘상 15:1-35

"사무엘이 사울에게 이른즉 사울이 그에게 이르되 원하건대 당신은 여호와께 복을 받으소서 내가 여호와의 명령을 행하였나이다 하니 사무엘이 이르되 그러면 내 귀에 들려오는 이 양의 소리와 내게 들리는 소의 소리는 어찌 됨이니이까 하니라"(삼상 15:13-14).

"사무엘이 죽는 날까지 사울을 다시 가서 보지 아니하였으니 이는 그가 사울을 위하여 슬퍼함이었고 여호와께서는 사울을 이스라엘 왕으로 삼으신 것을 후회하셨더라"(삼상 15:35).

낮은 I형 특성을 가진 사람은 평정심을 유지하고, 약속한 목표와 목적을 이루기 위해 책임을 다한다.

1부 예수님, 조화와 균형의 리더십 스타일

● **주된 특성**

'성실한', '사색하는', '조심스러운' 특성을 보이고, 혼자 있을 때 목적과 목표와 방향을 재평가하며 시간을 보내는 경향이 있다. 무리의 압력에 굴하여 타협하기보다는 원칙을 꿋꿋이 지키는 능력이 있다. 정치적으로 타당한 일을 하기보다는 옳은 일을 한다.

● **낮은 I형이 다른 사람에게 미치는 영향**

다른 사람들이 그렇게 하지 못할 때 그들은 객관적이고 자신의 감정을 통제할 수 있다. 일관성을 배울 수 있는 모델이다. 그들의 결정은 심사숙고한 결과이고, 사실과 원칙에 근거한 것임을 믿을 수 있다.

사무엘의 낮은 I형 리더십 스타일

어떤 사람이 무엇을 원하는가에 반응하기보다 그 사람에게 무엇이 '최선'인지에 초점을 맞출 수 있는 능력을 가진 것이 낮은 I형 리더십 스타일의 은사다. 사무엘상 15장은 대조되는 두 사람을 보여준다. 하나는, 사람에게서 받는 압력을 이겨내지 못한 사울 왕(높은 I형)이다. 다른 하나는, 주님의 지시를 수행하지 않은 사울과 백성에게 그 책임을 물을 수 있었던 사무엘(낮은 I형)이다.

1-4절 이스라엘 자손은 광야에서 방황할 때부터 아말렉 사람들에

게 공격받고 괴롭힘을 당했으며, 이 괴롭힘은 주님이 주신 땅에서도 계속되었다. 그래서 하나님은 사울에게 간단명료한 임무를 주셨다. 아말렉 사람들과 그들의 짐승과 소유를 모두 진멸하라는 것이었다. 더욱이 이 임무를 완성하기 위하여 사울 왕에게 21만 명에 달하는 군대도 주셨다.

5-9절 사울은 명령받은 일을 했지만 지시를 온전히 따르지 않았다. 그는 아말렉 왕 아각을 살려주었고, 짐승 가운데 가장 좋은 것을 진멸하지 않고 남겨놓았다.

10-12절 선지자 사무엘에게 하나님 말씀이 임하시기를 사울이 하나님께 불순종했고, 하나님은 사울을 이스라엘 왕으로 세우신 것을 후회하신다고 하셨다. 사무엘은 이 일을 두고 근심하며 온 밤을 새워 하나님께 부르짖었다.

13절 아침 일찍 사무엘이 사울을 찾아가자 사울은 기분 좋은 인사를 하며 아무것도 잘못된 것이 없는 척했다. 그러면서 이렇게 말했다. "내가 여호와의 명령을 행하였나이다."

14절 사무엘은 즉시 사울의 거짓말을 지적했다. "그러면 내 귀에 들려오는 이 양의 소리와 내게 들리는 소의 소리는 어찌 됨이니이까"라고 사무엘이 말했다. 이것은 '당신은 진실을 말하고 있지 않소!'라는 의미였다.

15절 사울은 잘못을 추궁당하자 즉시 책임을 전가했다. 높은 I형에서 흔히 볼 수 있는 특성을 발휘한 것이다. "그들이…백성이…이렇게 했어요. 내가 한 것이 아닙니다. 그리고 좋은 뜻을 위해서 이렇게 했습니다. 가장 좋은 것을 남겨 하나님께 제사하려 했어요. 그 외의 것은 우리가 진멸했습니다." 성경에서 말하는 "그 외의 것"은 병들거나 쓸모없는 짐승을 뜻한다.

16-19절 사무엘은 사울의 변명을 조금도 믿지 않고 하나님 말씀을 바로 전했다.

"여호와께서 내게 이르신 것을 왕에게 말하리이다."
- 하나님은 당신을 왕으로 세우셨습니다.
- 하나님은 당신에게 임무를 주셨습니다.
- 당신은 불순종했습니다.

20-21절 사울은 또다시 핑계를 댔다. "나는 순종했지만 백성이 순종하지 않았다."

22-23절 사무엘은 사울의 핑계를 또다시 무시하고 이렇게 말했다. "하나님은 제사를 원치 않으시고 순종을 원하신다. 당신은 하

나님 말씀을 거역했으므로 하나님도 당신이 왕이 되지 못하게 하셨다."

24-28절 사울이 자기 죄를 고백하고 회개하지만 사무엘은 하나님 말씀을 계속 전했다. "여호와께서 오늘 이스라엘 나라를 왕에게서 떼었다."

사무엘은 사울을 추적하기 위해 명확한 생각과 집중력이 엄청나게 필요했다. 사울은 핑계와 설명 그리고 하나님 명령에 순종했다는 주장을 끊임없이 털어놓았다. 사울은 마침내 죄를 고백하고 회개하며 사무엘에게 도움을 간청했다. 그러나 사무엘은 하나님이 그에게 주신 말씀을 그대로 전했다.

예수님의 낮은 I형 리더십 스타일

5천 명을 먹이신 이적 후 사람들은 제자들의 도움을 힘입어 예수님을 자기네 왕으로 삼으려고 하였다.

> "그 사람들이 예수께서 행하신 이 표적을 보고 말하되 이는 참으로 세상에 오실 그 선지자라 하더라 그러므로 예수께서 그들이 와서 자기를 억지로 붙들어 임금으로 삼으려는 줄 아시고 다시 혼자 산으로 떠나가시니라"(요 6:14-15).

요한의 설명에 따르면, 무리에게 떡을 먹이신 이적을 보고 그들이 보인 반응은 두 가지였다.

1. 그들은 예수님이 메시아일 수도 있다고 생각했다. 그들이 가지고 있는 메시아 상(像), 즉 세상에 오실 '그 선지자'의 그림에 예수님을 갖다 붙였다(신 18:15-19 참고). 우리는 그 당시 모든 이스라엘 사람이 메시아를 기다리고 있었다는 것을 알고 있지만, 시간이 흐르면서 그들의 기대는 그들을 압제하고 있는 로마 정권에

대항해 승리를 가져다줄 정치적 구세주로 변질되었다.

2. 예수님은 그들의 의도를 '아셨다.' 이것은 그들이 무엇을 할지 '파악하셨다'는 뜻이다. 예수님은 자신의 전지하심으로 그들이 자신을 정치적 임금으로 삼으려고 하는 의도를 아신 것이다. 그들은 예수님을 "억지로 붙들려고" 하였다. 이것은 아주 난폭하다는 말로 폭력의 의미를 내포하고 있다. 그들은 메시아를 모셔다가 억지로 정치적 임금으로 만들려고 했던 것이다.

자기 성찰에 대한 표현

마태와 마가 둘 다 예수님이 즉시 반응을 보이셨다고 말한다. 예수님은 제자들을 재빨리 배에 태워 멀리 보내셨다. 이것은 강제로 하거나 강요한다는 뜻으로, 그 상황이 긴급했던 것을 보여준다. 예수님은 제자들이 이 일에 말려드는 것을 원치 않으셔서, 사람들이 시도하기 전에 제자들이 떠날 수 있게 길을 내어주셨다.

무리가 조직되기 전에 또는 그들이 리더를 세워 일을 진행시키기 전에 예수님은 무리를 헤쳐 보내셨다. 그러나 마가가 "그들과 헤어지신 뒤 예수께서는 기도하시려고 산에 올라가셨다"고 기록한 것처럼 예수님은 이 일을 긍정적인 자세로 진행하셨다. 다시 말해 예수님은 부정적인 모습은 보이지 않으시면서 즉시 행동으로 옮기셨다. 예수님은 고조된 분위기를 가라앉히셨다. 예수님의 행동에서 자연스럽게 확인되는 것처럼, 이것은 낮은 I형의 바람직한 특징이다. 무리의 반응이 아무리 진실하고 긍정적이라 하더라도 예수님은 모든 것을 뒤로하시고, 오직 십자가라는 진정한 사명에 초점을 맞추시면서 무리를 보내셨다.

그 후 예수님은 홀로 산으로 올라가 기도하셨다. 예수님은 아버지와 혼자 있고 싶으셨기 때문에 다른 사람들이 같이 있는 것을 원하지 않으셨다. 이것은 주님의 목적이 무엇인지 보여준다. 예수님은 그저 제자들과 무리에게서 벗어나고 싶으셨던 것이 아니라 아버지께 기도드리시려고 산으로 올라가신 것이다. 이것은 상황 때문에 생긴 일이 아니라 주님이 목적을 가지고 상황을 만드신 것이다.

결론

I형 행동경향에서는 높은 I형과 낮은 I형 두 스타일 모두 사람과 관련되어 있다. 하나는 다른 사람의 느낌에 민감하고, 다른 하나는 장기적 의미를 고려하기 때문에 객관성에 초점을 둔다. 처칠과 트루먼의 예를 보면 사람에 대한 반응은 서로 달랐지만 둘 다 그 필요를 효과적으로 충족시켜주었다. 그러나 처칠의 큰 단점 중 하나는 중대한 결정을 내릴 때 감정을 배제하지 못했다는 것이다. 그는 자신의 군사 보좌관을 신뢰하지 않고 종종 아마추어의 직관적인 조언을 구하다 실수를 범했다. 그래서 행정부 직원들은 쉴 새 없이 피해 대책을 위해

불려 들어갔다. 다른 한편으로 트루먼은 재치가 없고 언론기관에 퉁 명스럽기로 유명했다.

예수님은 이 땅에서 사명을 이루시기 위해 사역하시는 동안 사람들의 기대에 부응하지 않고 지속적으로 하나님 아버지께 의존하셨다. 예수님은 모든 계획에서 하나님과 하나가 되시기 위하여 홀로 하나님과 함께하시는 시간을 끊임없이 보내셨다. 이러한 예수님의 행동은 낮은 I형 특성을 가장 잘 보여주는 예다.

주

1. David McCullough, *Truman*, Simon & Schuster, New York, NY ⓒCopyright 1992, page 602.
2. Ed Cary, *General of the Army, George C. Marshall, Soldier and Stateman*, Simon & Schuster, New York, NY ⓒCopyright 1990, page 659.
3. David McCullough, *Truman*, Simon & Schuster, New York, NY ⓒCopyright 1992, page 616.
4. Ed Cary, *General of the Army, George C. Marshall, Soldier and Stateman*, Simon & Schuster, New York, NY ⓒCopyright 1990, page 661.
5. 같은 책, page 661.
6. David McCullough, *Truman*, Simon & Schuster, New York, NY ⓒCopyright 1992, page 620.
7. John Keegan, *Who was Who in World War II*, Thomas Crowell Publishers, New York, NY ⓒCopyright 1978, page 60.

해리 트루먼

- 출생-사망 　1884년 5월 8일, 미국-1972년 12월 26일
- 경력 　　　미국 국방계획조사 특별위원회 위원장 (1940), 미국 부통령(1944), 제33대 미국 대통령(1945)
- DISC 스타일 　DC 창조형

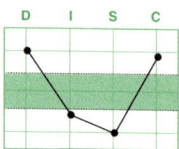

성장 과정

농부이자 상인이었던 아버지를 둔 트루먼은 고등학교를 졸업하고 캔자스시티에서 은행원으로 일했다. 1906년 외할아버지의 경영권을 물려받아 농장을 운영했고, 이후 우체국장과 철도 감독관 등 다양한 경험을 쌓았다. 그는 제1차 세계대전에서 신중한 작전 계획과 실행, 용기 등 리더로서의 자질을 펼치며 뛰어난 활약을 보였다.

민주당 지도자였던 토마스 펜더개스트의 도움으로 정계에 발을 들인 트루먼은 군 재판관으로 재임시 1924년 선거에서 재선에 실패하지만 2년 후 다시 당선되었다. 1926년 군 지방법원장으로 임명된 후 정직함과 뛰어난 업무수행 능력으로 민주당과 공화당 모두에서 인정을 받았다.

그러나 더 위를 향한 트루먼의 꿈은 쉽게 이루어지지 않았다.

1932년 트루먼은 민주당 전당대회에서 미주리 주 대표로 지명되는 데 실패하고 말았다. 그러나 1935년 미주리 주 상원의원 진출과 재선에 성공한 후 국가 방위력과 군수산업에 큰 힘을 기울였다. 1944년 루스벨트의 지명을 받아 부통령의 자리에 올랐다.

업적

제33대 미국 대통령

트루먼은 1945년 루스벨트 대통령의 급서로 미처 준비되지 상태에서 제33대 미국 대통령으로 취임했다. 그는 대통령직에 오르자마자 여러 가지 중요한 결정을 내려야 했고, 성공적으로 수행했다. 국제연합헌장 제정을 위한 회의를 개최했고, 독일의 항복을 이끌어냈으며, 일본에 원폭을 투하하면서 제2차 세계대전을 끝내는 데 결정적 역할을 했다.

전쟁 후 트루먼은 다양한 사회개혁안을 제시했는데 이 때문에 루스벨트 전 대통령의 지지자들이 이탈하는 등 많은 반대에 부딪히며 트루먼의 입지가 크게 흔들렸다. 하지만 1948년 트루먼은 결국 대통령 후보로 지명되었고 재선에 성공한다.

그는 당선 후 세계평화의 발목을 잡고 있다고 생각하는 소련을 봉쇄하는 정책을 추진함과 동시에 유럽 국가들에 대한 원조를 아끼지 않으면서 북대서양조약기구(NATO)를 창설했다. 그리고 중국이 공산당 체제를 선택하자 소련을 상대로 펼치고 있던 봉쇄 정책을 중국으로 확장했다.

한국 전쟁

1950년 6월 한국 전쟁이 발발하자 트루먼은 곧바로 더글러스 맥아더를 사령관으로 하는 미군을 급파했다. 미군은 한국군과 함께 한강 이남을 수복하고 압록강까지 진격했지만 중공군의 개입으로 전쟁은 교착상태에 빠진다. 맥아더는 중국까지 치고 올라가야 한다는 주장을 계속했지만 트루먼은 전쟁이 중국까지 확장되는 것을 원하지 않아 결국 맥아더를 해임한다. 계속되는 전쟁에다 몇몇 정부 관리의 비리가 드러나면서 트루먼 행정부에 대한 국민의 불만이 커졌다. 그러나 많은 국민이 임기를 끝낸 트루먼을 외교 부문에서 큰 공을 세운 대통령으로 기억하면서 명예를 회복할 수 있었다.

트루먼에 대한 평가와 DISC 스타일

트루먼은 역대 미국 대통령 가운데 강력한 대통령 중 한 명으로 꼽힌다. 그러나 그가 재임에 성공했을 때만 해도 전임자였던 루스벨트와 비교되며 대통령으로서의 자질을 의심받았다. 하지만 그는 임기 내내 여러 가지 외교 문제를 성공적으로 해결하고 강력한 미국을 만드는 데 이바지했는데, 이는 대부분 전문가가 동의하는 바다.
　높은 주도형(D)과 신중형(C)의 트루먼은 예상치 못하게 대통령직을 맡았음에도 여러 가지 중요한 결정을 내리는 데 뛰어난 결단력을 보였다. 소련과 중국 같은 공산주의 국가에 대해서는 전략적인 판단 아래 강한 봉쇄 정책을 펼쳤고, 옳다고 생각하는 사회개혁안은 반대가 있어도 주도권을 놓지 않고 밀어붙였다. 한국 전쟁과 관련해서는 중국으로까지 전쟁이 확대되는 것을 우려해 전쟁 확대 전략을 추구하던 총사령관 맥아더를 해임시켰는데, 이렇게 중요한 외교적 전략에는 그의 신중한(C) 성향이 잘 드러난다.

*출처: Daum 백과사전

높은 S형(안정형) 행동유형

○ 높은 S형의 대표적 행동경향 ○

예측 가능성

예상되는 결과를 이끌어낼 수 있는
행동 방침을 내다보고 시행할 수 있다.

인내심

압력을 받을 때 차분하고 안정성을 유지할 수 있다.
다른 사람을 위해 비난받을 각오가 되어 있다.

드와이트 아이젠하워

General Dwight D. Eisenhower

○ 드와이트 아이젠하워 장군의 대표적 프로파일* ○

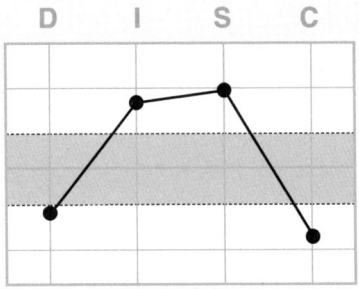

* 이 프로파일은 역사적 기록에 근거한 것으로 아이젠하워 장군의 행동유형을 가장 잘 나타내지만, 절대적으로 확신하기에는 불충분한 정보다.

높은 S형의 DISC 프로파일

일차적 욕구

평화와 조화를 유지한다.

개인적 재능

친구에게 충실하고, 친절하며, 중재자 역할을 한다.

그룹에 기여하는 점

공동의 목표를 이루기 위해 서로 반대되는 그룹이 화합하게 할 수 있다.

스트레스를 받을 때

잘 협조하고 갈등을 속으로 삼킨다.[1]

주

1. Ken Voges & Ron Braund, *Understanding How Others Misunderstand You* book, ⓒCopyright 1990, 1995, page 179, (『사람들은 왜 나를 오해할까?』 디모데 역간)

높은 S형의 행동 특성

성경 속 사례 연구 __ 마태복음 26:31-35 / 누가복음 22:37 / 마태복음 26:69-75 / 누가복음 22:61-62

조지 S. 패튼(George S. Patton Jr.) 장군은 전쟁을 수행하는 데 천재였다. 그는 또한 부적절한 시간에 입을 열어 부적절한 말을 하는 재주가 있었다. 패튼은 기록적인 시간 안에 지역 갈등을 전 세계적인 위기로 확대시키는 재주가 있었다. 1944년 4월 25일 영국 너츠포드 웰컴 클럽에서 한 연설은 그 대표적인 예다.

소수의 영국 여성이 모인 자리에서 한 그의 발언은, 영화 〈패튼〉(Patton)에서 꽤 정확하게 극화하였다. 그를 곤경에 빠뜨린 발언은 "영국인과 미국인과 러시아인이 세계를 다스릴 것은 분명한 운명이므로 우리가 서로를 더 잘 알수록 이 일을 더 잘 해낼 수 있을 것이다"였다.[1] 그는 사전에 그 자리에 기자가 없다고 보고받았지만, 그렇지 않다는 사실이 곧 드러났다. 불행하게도 어떤 영국 매체는 그의 발언에서 러시아인을 삭제했다. 통신사들은 전후의 세계를 영국과 미국이 다스리게 될 것이라는 패튼의 말을 전했고, 그 결과 중대한 세계적 위기가 뒤따랐다.

패튼이 저지른 중대한 실수는 마셜에게 가장 부적절한 시간에 그 여파를 미쳤다. 마셜 장군이 미국 의회에 진급 대상인 장성들의 목록을 제출했기 때문이다. 당연히 아이젠하워 대통령의 수석보좌관인 베델 스미스(Bedell Smith)와 함께 패튼의 이름도 올라 있었다. 언론매체는 이 논란에 부채질을 했고, 미국 의회를 포함한 워싱턴은 분노하여 패튼을 곧 내동댕이칠 기세였다. 4월 27일과 5월 3일 사이 마셜과 아이젠하워 사이에 여섯 개나 되는 전문이 오갔다. 안타깝게도 아이젠하워의 부재로 베델 스미스가 마셜에게서 온 첫 문의사항을 처리했는데, 패튼이 과잉 반응을 보이는 바람에 상황이 더 악화되었다. 결국 차분한 사람이 이 문제를 다뤄야 했고, 아이젠하워와 마셜이 상황을 해결했다.

아이젠하워가 이 상황을 보고받았을 때 그는 패튼을 직위 해제하려 했다. 그러나 그는 인내심을 가지고 신중하게 조사하여 문제를 재조명했다. 패튼은 그 모임에서 발언하기를 원하지 않았지만, 진행자의 끊임없는 요구로 그 모임을 지지하는 발언을 한두 마디만 하기로 동의했다는 증거가 발견되었다. 또한 그 모임이 언론이 참석하지 않는 사적인 것이며, 세부 사항은 절대 외부로 유출되지 않을 것을 보장받았던 것도 밝혀졌다.[2]

5월 1일 패튼은 뉘우치는 마음으로 사과하기 위해 아이젠하워와 만났다. 패튼은 사임하겠다고 했으나, 아이젠하워는 그 제안을 일축하고 군대를 지휘하기 위해 아직 그의 도움이 필요하다고 말했다. 그러나 워싱턴에서 오는 압력, 특히 마셜에게서 오는 압력이 너무 커서 아이젠하워는 부득이하게 그를 사임시켜야 하는 상황이 전개될 수도 있었다. 그러나 그 결정은 보류되었고, 패튼은 비탄에 빠져 대통령 집무실을 떠났다.

5월 2일, 엄청난 관용과 지혜가 필요한 이 일을 두고 마셜은 패튼의 미래가 오직 아이젠하워의 손에 달려있다는 것을 재차 확인했다. 그는 대통령에게 이렇게 전보를 보냈다.

결정은 전적으로 대통령께 달려있습니다. 저는 이 일로 오버로드 작전이 약화되어서는 안 된다고 생각합니다. 만약 패튼이 파면되어 그 작전이 약화된다면, 그가 계속 지휘하게 허락해야 한다고 생각합니다. 오버로드 작전을 성공하기 위해 대통령에게 져야 할 막중한 책임감만 고려하십시오. 다른 모든 것은 중요하지 않습니다.[3]

5월 4일 아이젠하워는 결정을 내린 후 패튼에게 전보를 보냈다.

개인의 무분별한 행동으로 벌어진 치명적 영향에도 불구하고, 나는 나의 권한으로 당신의 지휘권을 승인한다. 내가 이 결정을 내리는 이유는 단 하나, 전투를 이끌 리더로서 당신을 신뢰하기 때문이다.[4]

패튼은 눈물을 흘리며 안도의 한숨을 내쉬었다. 그는 즉시 아내에게 다음과 같은 전보를 보냈다.

하나님의 도우심으로 모든 것이 제자리를 찾았소.[5]

패튼은 자신에게 중대한 운명이 달린 큰일이 맡겨졌다고 느꼈지만, 그것이 정확히 무엇인지는 몰랐다. 큰 인내심으로 그를 지지해준 두 친구가 그를 다시 구해주었고, 그는 그 공로를 하나님께 돌렸다. 그에게는 할 일이 아직 남아있었던 것이다.

아비가일과 나발 그리고 다윗

사무엘상 25:2-42

"하인들 가운데 하나가 나발의 아내 아비가일에게 말하여 이르되 다윗이 우리 주인에게 문안하러 광야에서 전령들을 보냈거늘 주인이 그들을 모욕하였나이다 우리가 들에 있어 그들과 상종할 동안에 그 사람들이 우리를 매우 선대하였으므로 우리가 다치거나 잃은 것이 없었으니"(25:14-15).

"이에 다윗의 소년들이 돌아서 자기 길로 행하여 돌아와 이 모든 [모욕적인] 말을 그에게 전하매 다윗이 자기 사람들에게 이르되 너희는 각기 칼을 차라 하니 각기 칼을 차매 다윗도 자기 칼을 차고 사백 명 가량은 데리고 올라가고"(25:12-13).

[다윗은 나발과 그의 가족 그리고 하인을 죽이고 그들의 소유를 차지하려고 했다.]

높은 S형 기질을 지닌 사람은 믿을 수 없을 정도의 인내심과 끈기를 가지고 있는 것이 특징이다. 심지어 역경 속에서도 팀원들에게 극도로 충성하는 경향이 있다.

● **주된 특성**

지지하는, 안정적인, 꾸준히 하는, 인내하는, 충성스러운 그리고 중재자의 은사가 있고, 일을 완수하는 능력이 있으며, 실수를 기꺼이 용납한다.

● **높은 S형이 다른 사람에게 미치는 영향**

조화를 이룬다. 어려운 상황에 처한 누군가에게 그의 친구가 되어줄 것이라는 확신을 들게 한다. 실수해도 거절당하지 않을 것이라는 안정감을 준다.

아비가일의 높은 S형 리더십 스타일

높은 S형 리더십 스타일을 정의하는 여러 가지 특징이 있지만, 그 중 중요한 두 가지는 충성심과 분별력(큰 그림을 볼 수 있는 능력)이다. 이것이 나발의 아내 아비가일이 보여준 두 가지 특징이었다. 사무엘상 25장에 나오는 다윗이 나발과 대면한 이야기는 아비가일의 이러한 특징을 드러낸다(그녀 덕분에 남편의 생명이 잠시나마 연장될 수 있었다).

이 이야기의 배경은 이러하다. 다윗과 그의 소년들은 나발의 목자들에게 큰 환대를 베풀었고 친절하게 대해주었다. 그러나 나발은 자기가 받았던 은혜를 갚아야 하는 상황에서 다윗의 부탁을 묵살했다. 이에 다윗은 군사를 이끌고 나발과 그의 사람들의 목숨을 치러 갔다.

그때 아비가일이 등장해 다윗을 가로막고, 자기 남편인 나발의 가치 없는 목숨을 지켜낸다. 아비가일과 같은 충성심이 없는 사람이라면 그저 먼 발치에서 편안히 앉아 나발에게 일어나는 일을 보고만 있었을 것이다. 18-28절은 아비가일의 깊은 충성심을 묘사한다. 그녀는 나발이 다윗을 업신여긴 이야기와 다윗이 복수하러 오고 있다는 소식을 듣자 근사한 음식(18절)을 대접해 다윗이 나발에게 다다르기 전에 그를 가로막았다. 다윗에게 모든 음식을 바친 후 그녀는 모든 책임을 자신에게 돌리고 설명할 수 있는 기회를 달라고 했다(23-24절). 그 후 아비가일은 자신의 남편이 어떠한 사람인지를 설명했다. 그녀는 나발이 그의 이름처럼('미련하다'는 뜻) "어리석은 사람"이라고 말했다.

그 후 아비가일은 나발의 실수를 덮으며 "내 주께서 보내신 소년들을 보지 못하였나이다"고 말하면서 예물을 받고 (나중에 후회할) 피를 흘리지 말 것을 부탁했다. 36-38절에서는 아비가일이 나발에게 보여준 충성심의 깊이를 엿볼 수 있다. 다윗과 협상한 후 집에 도착한 그녀는 나발이 잔치를 열어 크게 취해 있는 것을 보았다. 그래서 아비가일은 다음 날 나발이 포도주에서 깬 후 그가 다윗의 손에 죽었을 수도 있었음을 알려주려고 기다렸다. 다음 날 아침 그녀가 이 일에 대해 말하자 "그가 낙담하여 몸이 돌과 같이 되었다." 어떤 사람은 이것이 뇌졸중으로 온 몸이 마비되었다는 뜻이라고 해석하기도 한다. 나발은 열흘 후 하나님의 심판으로 죽었다.

다윗은 아비가일이 큰 그림을 볼 수 있는 분별력이 있다고 칭송한다(32-34절). 다윗은 "또 네 지혜를 칭찬할지며 또 네게 복이 있을지로다 오늘 내가 피를 흘릴 것(을)…네가 막았느니라"고 말했다. 그 후 다윗은 만약 아비가일이 개입하지 않았더라면, 다음 날 아침 나발뿐 아니라 한 남자도 남겨두지 않았을 것이라고 했다. 아비가일은 다윗에게 하나님이 언젠가 그를 이스라엘의 왕으로 삼으실 것이므로 다윗이 이것을 염두에 두고 행동해야 한다고 말했다(28-30절).

아비가일의 충성심과 분별력에서 우러나온 지혜는 다윗과의 협상 결과에서 볼 수 있다. 33절에서 다윗은 "내가 피를 흘릴 것과 친히 복수하는 것을 네가 막았느니라"고 말했다. 또한 35절에서 다윗은 "네 집으로 평안히 올라가라 내가 네 말을 듣고 네 청을 허락하노라"고 말했다. 그 후 나발이 죽었다는 소식을 들은 다윗은 아비가일에게 자기 아내가 되어달라고 청했다(39절). 이 놀라운 일은 충성되고 '큰 그림'을 볼 줄 아는 아비가일의 타고난 본능이 만든 작품이다.

아비가일의 사례를 연구해보면 높은 S형 리더십 스타일은 비록 그의 파트너, 선배, 동료나 후배가 둔감할지라도 인내하고 충성하는 능력을 보여준다. 이 행동유형을 가지고 있는 사람들은 부정적인 반응이 확대되거나 치명적인 사건이 진행되는 것을 막기 위해 다른 사람의 행동에 대한 책임도 감수할 각오가 되어 있다.

예수님의 높은 S형 리더십 스타일

예수님과 제자들은 최후의 만찬 후 찬미하며 감람산으로 갔다. 그때 예수님이 말씀하셨다. "오늘 밤에 너희가 다 나를 버리리라 기록된 바 내가 목자를 치리니 양의 떼가 흩어지리라 하였느니라 그러나 내가 살아난 후에 너희보다 먼저 갈릴리로 가리라."

인내를 통한 지지의 표현

마태복음 26장 31-32절에서 예수님은 소망의 메시지와 함께 간단한 주의를 주시면서 앞으로 일어날 일에 대해 제자들을 준비시키셨다.

1. 반대하는 무리가 주님을 칠 것이고 주님의 제자들은 모두 흩어질 것이다. 여기에 쓰인 동사가 수동태 형식인 것으로 보아, 제자들이 흩어지는 것이 그들 자신의 결정이 아님을 보여준다.

2. 제자들이 흩어지는 것은 스가랴 13장 7절의 예언이 이루어지는

것이다.

3. 그 후 주님은 죽음에서 부활하실 것이고 갈릴리에서 제자들을 만나실 것이다. 적용된 문법을 보면 사건의 순서가 중요하다는 것을 말해주고 있는데, 이것은 주님이 제자들에게 전하고자 하시는 것이었다.

어느 누구도 말하지 않아도 괜찮았다. 그저 듣기만 하면 되었다. 그런데 불행하게도 베드로의 마음은 반응했고 입을 열어 말했다.

33절은 "베드로가 대답하여 이르되 모두 주를 버릴지라도 나는 결코 버리지 않겠나이다"고 기록하고 있다.

베드로의 말을 보면 "나"가 강조되어 있는데, 이것은 다른 제자들과 자신을 비교하기 위해서였다. 그는 또한 미래 시제로 말했는데 이것은 그의 단호한 의지를 보여준다. 그의 의지는 분명했고, 그래서 주님이 말씀하시는 것을 듣고만 있지 않았다.

예수님은 34절에서 "내가 진실로 네게 이르노니 오늘 밤 닭 울기 전에 네가 세 번 나를 부인하리라"고 말씀하셨다.

예수님은 시간을 언급하시면서 대답하셨다. 닭이 우는 시간은 고대 로마의 시계에 따르면 오전 3시에서 6시 사이다. 예수님은 숫자를 언급하시면서 베드로가 가볍게 부인하는 것이 아니라 완전하고 분명하게 부인할 것이라고 말씀하셨다.

이에 베드로는 35절에서 "내가 주와 함께 죽을지언정…"이라고 대답했다. 베드로는 자기가 정말 예수님과 함께 죽을 수 있다고 생각했다.

　누가복음 22장 31-32절에서 예수님은 다시 참아주시며 베드로에게 대답하셨다. "시몬아, 시몬아, 보라 사탄이 너희를 밀 까부르듯 하려고 요구하였으나 그러나 내가 너를 위하여 네 믿음이 떨어지지 않기를 기도하였노니 너는 돌이킨 후에 네 형제를 굳게 하라."

　이 두 구절에서 제자들이 겪었던 영적인 싸움과 하나님의 아들이 그들을 강하게 붙들어주시는 모습을 볼 수 있다. 예수님은 사탄이 제자들을 밀 까부르듯 하려고 "요구하였다"고 말씀하셨다. 신약을 통틀어 이곳에서만 쓰인 이 단어는 '요청하여 얻다'는 뜻을 가지고 있다. 이 단어는 사탄이 이 사안에 개인적으로 관심을 갖고 있다는 뜻이다. 사탄은 하나님이 허락하시는 만큼 제자들을 '시험'해보고 싶었던 것이다. 제자들의 리더인 베드로는 아마 적의 공격 목표였을 것이다. 따라서 예수님은 베드로에게 "내가 너를 위하여…기도하였노니"라고 하시며 그를 격려하셨다. 사탄은 모든 제자를 까부르기 원했고, 예수님은 특별히 베드로를 위해 기도하셨다. 예수님이 기도하실 때 사용하신 단어에는 '묶다'는 뜻이 있다. 예수님은 베드로의 믿음을 강하게 하시고 그 믿음이 떨어지지 않도록 자신과 베드로를 하나로 묶으셨다. 베드로의 믿음은 떨어지지 않았지만 그의 각오는 꺾였다. 그러나 예수님의 기도에 베드로는 믿음의 활력을 되찾았다. 그는 돌이킨 후 강해진 믿음으로 그의 형제를 굳게 세워야 했다.

　내 경험에 의하면 사탄은 항상 우리를 흔들고 있다. 이것이 주는 강한 메시지가 있다. 지도자에게 이 공격을 견뎌낼 능력과 지혜를 달라고, 또한 주님께 초점을 유지할 수 있게 해달라고 그들을 위해 끊임없이 기도해야 한다는 것이다.

예수님은 자신에 대한 예언이 이루어져야 한다는 것을 다시 한 번 강조하셨다. 여기서 주님은 이사야 53장 12절을 언급하셨다. 이것은 예수님이 범죄자 중 하나로 헤아림을 받으시고, "많은 사람의 죄를 담당할" 것이라는 예언이 반드시 이루어져야 한다는 말씀이다.

마태는 예수님이 체포당하시고 심판받으실 때 베드로가 처음에는 간단히 부인한 후 다른 사람들이 자신을 알아보지 못하도록 문 주변의 밝은 곳을 떠났다고 기록한다. 마태복음 26장 72절에서 베드로는 예수님과의 관계를 더 강하게 부인했다. 그가 "맹세하고" 부인했다고 말한다. 이것은 우리가 "나는 맹세코 그를 모른다"고 말하는 것과 같다. 74절에서 베드로는 자신이 쓸 수 있는 가장 강한 어조로 말한다. '진실되지 않으면 저주받길 원한다' 또는 '내가 거짓말하는 것이면 하나님과 영원히 분리될 수도 있다'는 뜻을 포함한다. 베드로가 이 말을 하자 바로 닭이 울었다. 베드로는 예수님의 말씀이 생각나서 밖으로 나가 통곡했다.

누가는 이 사건에 구체적인 내용을 재미있게 덧붙였다. 누가복음 22장 61-62절은 예수님이 "돌이켜" 베드로를 "보시니"라고 기록한다. 여기서 "보시니"라는 말은 접두사가 있는 단어로 '얼굴을 바라보다' 또는 '(똑바로) 응시하다'는 뜻이다. 눈이 마주쳤다고 말해도 좋을 것이다. 마당을 가로지르는 꽤 먼 거리였을 수도 있는데 예수님과 베드로의 눈이 마주쳤을 때 베드로는 예수님의 말씀이 기억이 났고 그때

닭이 울었다. 베드로에게 무슨 생각이 났을까? (1) "너는 나를 부인할 것이다." (2) "나는 죽을 것이다." (3) "나는 다시 살아날 것이다." (4) "나는 너를 위해 기도하였다." (5) "네 형제를 굳게 하라." 이 본문은 예수님이 어떤 표정을 지으셨는지 기록하고 있지 않다. 그러나 주님과 눈이 마주친 것만으로도 베드로에게 엄청난 영향을 미쳤다는 사실을 알 수 있다.

대면하시는 예수님의 어조

예수님의 어조는 헌신과 이해, 인내에서 나오는 것이었다. 이 힘든 시기에 예수님은 베드로에게 힘을 불어넣으시려고 베드로와 자신을 하나로 묶으셨다. 예수님은 베드로에게 "시몬아, 시몬아…"라고 부르시는데 이것은 깊은 애착을 보여주시면서도 침통함을 유지하시려고 최소한의 고통만 표현하신 것이었다.

베드로에게 미친 영향

요한복음 21장은 이 사건의 결말을 말해준다. 부활하신 예수님은 베드로가 세 번 부인한 것을 덮어주시고, 그를 사람들 앞에서 리더로 다시 세워주셨다. 얼마나 큰 인내심과 은혜인가! 성령 강림 이후 베드로는 참으로 제자들의 반석이 되었고, 1세기 교회의 가장 큰 전도자가 되었다.

결론

예수님이 제자들을 대하실 때, 특히 베드로의 경우, 믿기 어려울 정도로 끊임없는 인내심을 보이셨다. 이 특성이 바로 높은 S형에서 쉽게 발견되는 성향이다.

주

1. Carlo D'Este, *Patton A Genius for War,* HarperCollins Publishers, New York, NY, ©Copyright 1998, page 586.
2. David Eisenhower, *Eisenhower at War 1943-1945,* Random House, New York, NY ©Copyright 1986, page 224.
3. Carlo D'Este, *Patton A Genius for War,* HarperCollins Publishers, New York, NY, ©Copyright 1998, page 590.
4. 같은 책, page 590.
5. 같은 책, page 591.

드와이트 아이젠하워

- 출생-사망 1890년 10월 14일, 미국-1969년 3월 28일
- 경력 미국 육군참모총장 참모(1933), 북아프리카 지역 연합군 사령관(1942), 유럽연합군 최고사령관(1943), 미국 육군참모총장(1945), 미국 컬럼비아 대학교 총장(1948), 유럽연합군 최고사령관(1950), 제34대 미국 대통령(1953)
- DISC 스타일 SI 중계자형

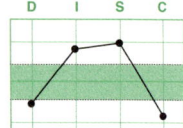

성장 과정

드와이트 데이비드 아이젠하워는 1890년 10월 14일에 독일과 영국, 스위스에 뿌리를 두고 있는 가정에서 태어났다. 이후 온 가족이 캔자스 주 애빌린으로 터전을 옮겼고, 아이젠하워는 그곳에서 성장기를 보냈다. 드와이트라는 이름은 그 당시 유명한 설교자였던 드와이트 무디의 이름에서 그리고 데이비드는 성경의 다윗 왕에서 따온 것이다. 아이젠하워는 군인의 길을 가기로 결심하고 웨스트포인트 사관학교에 입학했는데 부모도 그 결정을 존중했다.

1915년 웨스트포인트 졸업 당시 그의 성적은 여느 학생과 비슷했는데, 그때 그의 선배로서 수석으로 졸업한 학생이 더글러스 맥아더

였다. 아이젠하워는 육군대학교를 거쳐 1933년 맥아더의 보좌관으로 필리핀에서 복무했다.

아이젠하워는 제2차 세계대전 당시 연합군 최고사령관으로서 영국군과 미군 사이의 갈등을 원만히 해결하려고 부단히 노력했는데, 마치 기업의 CEO 같은 모습을 보였다. 그는 일본 원자폭탄 투하에 적극 반대했다. 아이젠하워가 지휘한 주요 작전으로는 북아프리카에서 펼쳐진 횃불 작전, 영화의 소재로도 유명한 노르망디 상륙 작전 등이 있다.

1948년 현역에서 은퇴한 아이젠하워는 대학교 총장을 맡아 일하다가 한국 전쟁이 일어나자 다시 군복을 입고 전쟁에 참가했다. 그는 미군 사령관이었던 맥아더가 트루먼 대통령과의 불화로 해임되자 한국 주둔 미군을 통솔했다. 이후 1952년 미국 대통령에 당선되고 다시 1956년에 재선에 성공하면서 1961년까지 대통령직을 수행하고 퇴임했다.

업적

제2차 세계대전

아이젠하워는 1942년 북아프리카 지역 연합군 사령관으로, 1943년부터는 유럽연합군 최고사령관으로 지휘를 맡으면서 현대 전쟁사에서 가장 유명한 노르망디 상륙 작전을 성공적으로 이끌었다. 1945년

5월 독일의 항복과 8월 일본의 항복으로 제2차 세계대전이 종결되는 데 대단히 중요한 역할을 했다. 전쟁 후 미 육군참모총장, 컬럼비아 대학교 총장, 나토(NATO)군 최고사령관 등을 역임했다.

제34대 미국 대통령

아이젠하워는 협정을 통한 휴전 상태로 한국 전쟁을 일단락 짓는 데 일조했다. 대통령 당선 후 한국을 방문한 아이젠하워는 미국 정부와 국민은 한국을 지지하며 한국의 보전을 위해 노력하겠다는 입장을 밝혔다. 그는 전쟁으로 폐허가 된 한국의 재건에 깊은 관심을 보이며 한국에 대한 호의적인 태도를 견지했다. 1960년 다시 한국을 방문한 아이젠하워는 한국이 자유 경제를 통해 자생에 성공할 수 있도록 정책적으로 여러 가지 도움을 주었다.

아이젠하워에 대한 평가와 DISC 스타일

아이젠하워가 대통령으로서 두 번의 임기를 성공적으로 수행한 것도 큰 업적이지만, 그가 이룬 가장 큰 업적은 노르망디 상륙작전을 성공적으로 지휘하여 제2차 세계대전에서 승리를 거둔 것이다. 그는 대통령이기 이전에 존경받는 뛰어난 군인이었기 때문이다. 그의 부하들은 그가 자기 부하들에게 공로를 돌리는 것에 큰 감동을 받았다.

아이젠하워는 안정형(S)과 사교형(I) 기질로서 다른 사람들과의 관계에서 갈등을 싫어하고 갈등을 중재하며 조정하고 화합을 추구했다. 친근하고 호의적인 태도로 많은 사람의 인정을 받았다. 그는 사교형이 강해서 때로는 지나치게 솔직했지만 그런 솔직함(I)마저도 그의 장점이 되었다. 한국 전쟁을 마무리 짓고 나서도 아이젠하워가 한국에 대한 긍정적인 태도와 지속적인 교류를 통해 양국 간에 좋은 영향을 미칠 수 있었던 것도 관계 지향적이고 어려운 사람을 도와주는 것으로 동기가 부여되는 개인적 성향 때문이기도 하다.

*출처: Daum 백과사전

낮은 S형 행동유형

○ 높은 S형과 낮은 S형의 대표적 행동경향 ○

높은 S형
지원하는

팀의 목표를 이루기 위해 다른 사람들과 함께 나아갈 수 있다.

낮은 S형
즉흥적인

문제를 효과적으로 해결하기 위해 변화하는 사건이나 문제에 빠르게 반응할 수 있다.

조지 S. 패튼

General George S. Patton Jr.

○ 조지 S. 패튼 장군의 대표적 프로파일* ○

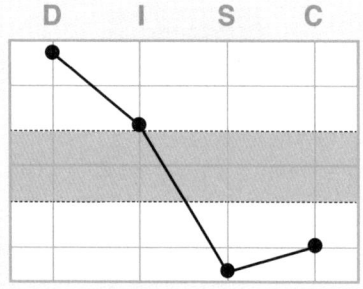

* 이 프로파일은 역사적 기록에 근거한 것으로 패튼 장군의 행동유형을 가장 잘 나타내지만, 절대적으로 확신하기에는 불충분한 정보다.

낮은 S형의 DISC 프로파일

일차적 욕구

개성이 강함. 결과를 성취한다.

그룹에 기여하는 점

어려운 일을 수행하는 데 촉매 역할을 한다.

통제를 벗어났을 때

인내가 더 좋은 선택일 때 행동을 밀어붙인다.

맹점

자기 행동이 부정적 결과를 초래하는 것을 보지 못한다.[1]

주

1. Ken Voges & Ron Braund, *Understanding How Others Misunderstand You* book, ©Copyright 1995, page 93, (『사람들은 왜 나를 오해할까?』 디모데 역간)

낮은 S형의 행동 특성

성경 속 사례 연구 _ 요한복음 2:13-17 / 마태복음 21:12-14 / 마가복음 11:15-19

아이젠하워 장군은 치열한 전쟁의 와중에 쉼이 필요했고, 그래서 그의 운전병인 마이클 맥케오 병장의 결혼식에 참석하기로 스케줄을 조정했다. 1944년 12월 15일이었던 그 전날 밤, 아이젠하워는 상원에 제출될 5성 진급 대상자 명단에 자기 이름이 들어있다는 사실을 알게 되었다. 그런데 불현듯 자신이 지난번 진급했을 때 독일이 그의 부대를 강하게 공격해왔다는 사실이 떠올랐다. 이번에는 그런 일이 없기를 바랐다. 하지만 그 기대는 빗나갔다.

12월 16일 새벽, 24개 사단의 두 독일 전차군단이 아르덴에 있는 3개 사단의 미군 부대를 공격해왔다.[1] 아이젠하워를 비롯해 모두가 크게 놀랐으나 금세 이성을 되찾았다. 상황을 확인한 그는 12월 19일에 베르됭에서 전략회의를 열었다. 회의 장소는 모인 사람들의 얼굴처럼 춥고 음울하며 우울했다. 아이젠하워, 테더(Tedder), 베델 스미스(Bedell Smith), 브래들리(Bradley), 디버스(Devers), 패튼(Patton)과 몽고메리(Montgomery) 장군의 핵심 참모인 프란시스 데 긴간드(Francis de Guingand) 소장이 회의에 참석했다.[2]

회의가 시작되자 아이젠하워는 "우리는 현재 상황을 재난이 아니라 기회라고 여겨야 합니다. 이 회의 탁자에는 밝은 얼굴들만 있어야 합니다"고 서두를 뗐다.[3] 충동적인 성향의 패튼은, 상황에 맞지 않게, 독일군을 파리까지 진격하게 한 후 거기서 궤멸시키자는 제안을 했다. 사람들은 억지로 미소를 지었으나, 관건은 독일군을 어떻게 제압하고 언제 반격할 것인가였다.

아이젠하워는 세 사단을 이끌고 48시간 이내에 공격할 수 있다고 주저없이 대답한 패튼에게 의문을 제기했다. 회의실을 감싸고 도는 침울한 분위기와 대조되는 패튼의 자신감 넘치는 말은 허세로 비쳤다. 사람들은 냉소적으로 반응했다. 아이젠하워는 싱거운 소리라는 듯 대꾸했다. 72시간 안에 세 사단을 전선에서 철수해 북쪽으로 160킬로미터에 이르는 빙판길을 이동하여 대규모 반격을 가할 수 있는 가능성은 수많은 군사작전을 수행하며 기동성에 익숙한 사람들도 받아들이기 어려운 일이었다.[4]

그러나 패튼은 벌써 세 개의 구상을 머릿속에 정리했고, 회의에 참석하러 가는 길에 참모와 의논했다. 아이젠하워가 공격 목표에 동의만 하면 참모총장이 전화로 간단히 신호를 보내고, 그러면 셋 중 어느 작전을 수행할지[5] 그는 이미 준비가 되어 있었다. 그들의 목표물은 바스토뉴였다. 이 결정적인 한순간을 위해 34년 이상의 세월이 패튼을 준비시킨 것 같았다. 전쟁의 운명은 그 침울한 방에 있는 사람들이 올바른 결정을 내리고 수행하는 데 달려있었다.[6] 이제 날씨만 협조하면 되었다.

패튼은 기도의 힘을 굳게 믿었다. 패튼이 날씨를 위해 기도했던 그 유명한 전설은, 영화 〈패튼 대전차 군단〉(Patton)에서 바스토뉴를 구출하러 갈 때 벌어진 일로 잘못 묘사되었다. 그 일은 실제로는 11월에 일어났고, 제임스 오넬(James O'Nell) 목사가 기도문을 썼으며, 12월에 배포하기 위해 인쇄되었다. 거기에는 패튼이 전쟁 중에 드린 두 기도문이 기록되어 있다. 첫 번째, 즉 12월 23일에 드린 기도의 일부분은 다음과 같다.

"하나님, 패튼이 기도드립니다. 지난 14일간은 줄곧 지옥과 같았습니다. 비, 눈, 또 비, 또 눈…하나님이 계신 본부에 무슨 일이 있는지 궁금해지기 시작했습니다. 도대체 하나님은 누구 편이십니까? 하나님, 저는 한 번도 비합리적이지 않았습니다. 저는 불가능한 것을 청하려는 것이 아닙니다…제가 원하는 것은 오직 4일간의 청명한 날씨입니다…딱 4일만 전투할 수 있는 적합한 날씨를 주시면, 제가 독일 놈들을 잔뜩 당신에게 보내어 회계 담당자가 몇 달 동안을 일 속에 파묻혀 있게 하겠습니다. 아멘."[7]

12월 27일에 패튼은 다시 기도드렸다. "하나님, 또 패튼입니다. 제가 진척 상황을 보고하겠습니다. 하나님, 주님이 저보다 훨씬 더 그 상황을 잘 알고 계셨다는 것을 깨달았습니다. 왜냐하면 저는 그 끔찍한 날씨를 원망했는데, 도리어 그것 때문에 독일 군대가 자멸했기 때문입니다. 하나님, 그것은 정말 훌륭한 전략이었고, 저는 전술의 최고 귀재이신 주님께 겸손히 머리를 숙입니다."[8]

어떤 사람들에게는 이런 기도가 부적절하게 느껴지고 하나님을 조롱하는 것처럼 보일 수 있으나, 여기에 쓰인 어조는 높은 D형과 낮은 S형의 사람들이 어떻게 생각하는지를 매우 정확하게 보여준다. 뿐만 아니라 패튼은 하나님께 항상 진지했다.[9] 패튼의 리더십으로 연합군은 벌지 전투에서 승리했다. 미국 역사상 제3군단이 다른 어느 부대보다 더 멀리, 더 빨리 움직였으며, 더 적은 시간 안에 더 많은 사단과 교전한 것이다.[10]

전쟁 후반부에 제3군단은 많은 강제수용소를 해방시키는 역할을 했다. 강제수용소의 실상을 목격한 패튼은 격분하고 혐오감을 느꼈다. 오어드루프와 다른 수용소들에서 행해진 나치의 잔인성에 분노한 패튼은, 그 지역 주민들에게 무덤을 파고 죽은 사람들의 시신을 매장하도록 강력하게 요구했다.[11] 패튼은 또한 각 수용소를 신중하게 시찰한 아이젠하워에게도 나치의 만행과 관련된 모든 사실을 보고했다. 아이젠하워는 "훗날 사람들이 나치의 행위를 한낱 유언비어로 여길까봐 수용소에서 일어난 일들을 목격하여 증인이 되게 하려고" 이렇게 했다고 밝혔다.[12] 아이젠하워와 패튼은 한 팀이 되어 다른 사람들도 나치의 끔찍한 만행을 목격할 수 있도록 했고, 유대인 대학살을 절대 잊지 않도록 군인과 정치인, 민간인들에게 여러 수용소를 둘러보게 했다.

독일 바바리아 정부는 다하우 도시 인근에 있는 강제수용소에 박물관과 기념비를 세우고, '국제 기념비' 앞에는 5개국 언어로 이렇게 적었다. "다시는 안 된다!"

사라와 아브라함

창세기 21:8-14

"사라가 본즉 아브라함의 아들 애굽 여인 하갈의 아들이 이삭을 놀리는지라 그가 아브라함에게 이르되 이 여종과 그 아들을 내쫓으라 이 종의 아들은 내 아들 이삭과 함께 기업을 얻지 못하리라 하므로"(21:9-10).

"아브라함이 그의 아들로 말미암아 그 일이 매우 근심이 되었더니 하나님이 아브라함에게 이르시되 네 아이나 네 여종으로 말미암아 근심하지 말고 사라가 네게 이른 말을 다 들으라 이삭에게서 나는 자라야 네 씨라 부를 것임이니라"(21:11-12).

높은 S형이 체계와 질서를 원하는 반면, 낮은 S형은 다양함과 변화를 추구한다. 게다가 높은 S형이 좀더 전통적인 방법으로 동일한 상황에 대처하는 반면, 낮은 S형은 상황의 요구에 창조적으로 적응하는 데 뛰어난 능력을 가지고 있다. 낮은 S형은 변화를 일으키기 위해 즉흥적으로 행동하고 반응한다. 그들은 또한 문제에 적극적으로 맞서는 경향이 있다.

● **주된 특성**

결단력 있는, 실천적인, 단호한, 즉흥적인, 행동 지향적이며, 그들의 가치 체계에 반대되는 도전적인 활동에 대해 공격적이다.

● **낮은 S형이 다른 사람에게 미치는 영향**

심각한 문제에 대한 긴급성을 인식하고 즉시 바로잡아야 한다고 생각한다.

사라의 낮은 S형 리더십 스타일

낮은 S형이 가진 은사는 변화하는 사건과 문제에 빠르게 반응하여 그 도전에 효과적으로 대응하는 능력이다. 다른 말로 하면 즉흥적으로 행동할 수 있는 능력이다. 빠른 반응이 항상 옳은 것은 아니지만 옳은 경우도 많다.

창세기 21장에 나오는 사건은 사라의 양아들 이스마엘과 그녀의 친아들 이삭 사이에 문제가 있음을 보여준다. 그러나 이 사건의 배경을 알면 사라와 아브라함의 행동을 이해하는 데 도움이 된다.

16장을 보면 사라와 아브라함의 나이가 많았고 그래서 사라는 임신할 수가 없었다. 그러자 사라는 아브라함에게 그녀의 종 하갈을 대리모로 삼아서 아이를 낳자고 설득했다. 하지만 하갈이 임신한 후 사라를 멸시하기 시작했다. 이에 맞서 사라는 하갈을 학대했고 하갈은 도망쳤다. 천사가 하갈에게 나타나 다시 사라에게 돌아가 그녀에게 복종하라고 말했다. 이러한 상황에서 이스마엘이 태어났다. 그로부터 13년이 지난 어느 날 하나님은 아브라함에게 나타나셔서 사라가 그의 아들을 임신할 것이라고 알려주셨다.

21장은 이삭의 탄생으로 시작한다. 그의 이름은 '웃음'이라는 뜻으로, 사라와 아브라함이 노년에 아들을 낳을 것이라는 말을 듣고 둘 다 웃었기 때문이다. 사라는 이삭의 이름을 가리켜 "듣는 자가 다 나와 함께 (기쁨으로) 웃으리로다"(6절)고 말했다. 이 이름은 뒤에 나오는 곤란한 상황에서 반어적으로 다시 한 번 의미 있게 사용되었다. 이삭이 젖을 뗀(2-3살) 기념으로 큰 잔치가 열렸는데, 이 잔치에서 이스마엘이 이삭을 놀렸다(9절). 이 '놀리다'는 단어는 '이삭'이라는 이름과 어원이 같은데, 그 정도가 매우 심한 경우 사용되었다. 이스마엘은 약속의 아들인 이삭을 괴롭혔고, 사라는 그 꼴이 보기 싫었다. 사라는 아브라함에게 이스마엘은 이삭과 함께 기업을 얻지 못할 것이므로 그들을 "내쫓으라"고 말했다.

아브라함은 두 아들을 모두 사랑했고, 이스마엘도 기업을 얻게 하고 싶었기 때문에 매우 근심했다(11절). 사라는 이스마엘이 아니라 이삭이 약속의 기업을 받을 것을 알고 있었다. 아브라함은 이러지도 못하고 저러지도 못하는 상황에 처하게 되었다. 그 후 하나님은 아브라함에게 이렇게 말씀하셨다. "사라가 네게 이른 말을 다 들으라 이삭에게서 나는 자라야 네 씨라 부를 것임이니라"(21절). 그 후 하나님은 이스마엘에게도 한 민족을 이루게 하겠다고 약속하셨다. 그래서 아브라함은 하나님 말씀을 따라 하갈과 이스마엘을 집에서 떠나보냈다.

사라는 해결하기 어려운 상황으로 치달을 뻔했던 일에 신속하게 대처했고, 그녀의 본능이 옳다는 것을 하나님께 인정받았다. 이삭은 아브라함의 씨를 잇는 후손이었고, 이스마엘은 아랍 국가의 시작이었다.

예수님의 낮은 S형 리더십 스타일

우리가 알고 있는 예수님의 행동은 일반적으로 인내와 은혜, 용서가 동반된다. 그러나 예수님이 유대인 종교집단이나 그 전통과 맞닥뜨리셨을 때 그분은 매우 공격적으로 행동하시고 그들과 대립하셨다. 두 사건을 예로 들 수 있는데, 모두 성전에서 일어났다.

예수 그리스도의 첫 번째 성전 정화: 요한복음 2:13-17

"유대인의 유월절이 가까운지라 예수께서 예루살렘으로 올라가셨더니 성전 안에서 소와 양과 비둘기 파는 사람들과 돈 바꾸는 사람들이 앉아 있는 것을 보시고 노끈으로 채찍을 만드사 양이나 소를 다 성전에서 내쫓으시고 돈 바꾸는 사람들의 돈을 쏟으시며 상을 엎으시고 비둘기 파는 사람들에게 이르시되 이것을 여기서 가져가라 내 아버지의 집으로 장사하는 집을 만들지 말라 하시니"(2:13-16).

행동을 통한 지지의 표현

성전에서 보이신 주님의 행동은 말라기 3장 1-3절과 시편 69편 9절의 성취라고 볼 수 있다. 유월절 축제에 온 순례자들의 편의를 도모한답시고 시작된 부패는 시끄럽고 악취 나는 시장 바닥으로 변했다. 성전세를 낼 수 있도록 외국 동전을 유대 주화로 바꾸어주는 것이나, 제물로 드리기 위해 짐승을 사고파는 일이 모두 성전 바깥뜰로 살금살금 새어나갔다. 성전이 대제사장 가족의 이익을 위해 돈벌이를 하는 시장으로 탈바꿈한 것이다.

이 시끄럽고, 냄새 나고, 터무니없이 비싼 시장은 성전을 더럽혔다. 주님은 성전이 존재하는 순수한 목적을 회복시키거나, 적어도 그들이 얼마나 성전을 더럽혔는지 분명하게 지적하고 싶으셨다. 그들이 성전을 더럽힌 일은 '그들이 무엇을 했느냐?'보다 '그들이 어디에서 했느냐?'에서 비롯되었다.

예수 그리스도의 두 번째 성전 정화: 마태복음 21:12-13

> "예수께서 성전에 들어가사 성전 안에서 매매하는 모든 사람들을 내쫓으시며 돈 바꾸는 사람들의 상과 비둘기 파는 사람들의 의자를 둘러 엎으시고 그들에게 이르시되 기록된 바 내 집은 기도하는 집이라 일컬음을 받으리라 하였거늘 너희는 강도의 소굴을 만드는도다 하시니라."

예수님의 영광스러운 예루살렘 입성식 이후 두 번째 성전 정화에서는 성전에서 벌어지고 있는 또 다른 범죄를 지적하셨다. 예수님은 이사야 56장 7절과 예레미야 7장 11절을 부분적으로 인용하시면서 성전이 원래 어떠해야 하는지, 하지만 지금은 어떻게 변했는지를 알려주셨다. 성전이 존재하는 목적 가운데 하나는 모든 사람을 위한 기도하는 집인데, 이와는 반대로 종교지도자들은 성전을 터무니없는 환율로 돈을 바꿔주고, 제물로 드릴 짐승을 비싼 값에 팔아 순례자를 속이는 자리로 바꾸어버렸다. 하나님이 구약 시대에 강하게 책망하신 더러운 일이 더 악한 형태로 다시 성전에서 벌어진 것이다.

마가복음 11장은 마태가 언급하지 않은 사실을 말하고 있다. 16절은 예수님이 "아무나 물건을 가지고 성전 안으로 지나다님을 허락하지 아니하시고"라고 말한다. 사람들은 성전 뜰을 가로질러 다니며 감람산으로 가는 지름길로 삼았던 것이다. 성전을 일상적인 목적으로 사용하는 것은 또 하나의 모독이었다.

사람들을 대하시는 예수님의 어조

주님은 비판과 분노를 표현하는 행동과 언어를 사용하셨다. 성전 뜰을 정화하실 때 주님은 대립적이고 공격적이셨다. 두 사건에서 즉각적으로 나타난 예수님의 행동을 통해 그분이 성전에서 일어나고 있는 일들로 매우 분노하신 것을 알 수 있다. 하나님을 예배하고 기도해야 할 거룩한 집에서 일어난, 물건을 사고파는 광경과 시끄러운 소리는 어떤 조처를 취하지 않으면 안 되는 상태였고, 그래서 예수님이 그렇게 하신 것이다.

사람들의 반응

마가는 사람들이 예수님의 교훈을 놀랍게 여겼기 때문에 대제사장들과 서기관들이 예수님을 어떻게 죽일까 하고 꾀했다고 말했다. "놀랍게"라고 번역된 단어는 헬라어로 '상상을 초월하는 파격적인'이라는 뜻을 지니고 있다. 예수님의 가르침과 종교지도자들의 가르침의 차이 때문에 사람들은 충격에서 벗어나지 못하고 있었다.

마태복음은 예수님이 아직 성전에 계셨을 때 사람들이 다가와 낫게 해달라고 요청했음을 기록하고 있다. 물론 예수님은 그들을 고쳐 주셨다. 두 번째 성전 정화에서 사람들이 예수님을 메시아로 알아보고 그분 주위로 몰려들어 종교지도자들을 분개하게 만들었다.

요한은 자신의 복음서에서 사람들이 주님께 방금 성전에서 하신 것과 관련된 표적을 행하셔서 그분의 권세를 보여달라고 요구했음을 기록했다. 사람들은 이것이 권세 있는 행동임을 알아보았고, 주님의 능력과 권세의 근원이 진짜임을 증명할 수 있는 신령한 증거를 보기 원했다.

결론

S형 행동경향에서 높은 S형과 낮은 S형 두 스타일은 문제를 다르게 푼다. 높은 S형 리더십 스타일은 합의점을 찾고 더 심사숙고하며 인내심이 강한 반면에, 낮은 S형은 더 독립적이고 즉흥적이다. 아이젠하워와 패튼의 예에서 볼 수 있는 것처럼 두 사람의 문제해결 방식은 매우 달랐지만, 둘 다 그 상황에 맞는 필요를 충족시켰다. 아이젠하워의 가장 큰 결점은 다른 사람의 의견에 영향을 받는 것이었다. 아이젠하워와 마지막으로 이야기를 나눈 사람이 그의 계획에 영향을 미친다는 말이 떠돌 정도였다. 패튼의 결점도 많았는데, 대개 그의 성급한 성격에서 비롯된 것이었다.

　예수님은 각 상황의 필요에 맞게 두 스타일을 사용하셨다. 소박하지만 하나님의 공의를 구했던 베드로와 제자들에게는 긍정하시고 인내하시는 경향을 보이셨다. 이것은 높은 S형 리더십 스타일의 행동 특성을 가장 잘 나타낸다. 예수님은 자기 의가 강하고 자만한 종교지도자들과 그들의 전통과 행동에 대해서는 공격적이면서 거부 반응을 보이셨다. 성전 안팎에서 벌어졌던 상행위에 대해서는 참지 않으시고 대립하셨다. 이것은 낮은 S형 리더십 스타일을 가장 잘 보여주는 것이다.

주

1. Stephen Ambrose, *The Supreme Commander, The War Years of Dwight D. Eisenhower,* University Press, Jackson Mississippi, ©Copyright 1970, page 553.
2. Carol D'Este, *Patton, A Genius for War,* HarperCollins Publishers, New York, NY, ©Copyright 1995, page 679.
3. Dwight D. Eisenhower, *Crusade in Europe,* DoubleDay & Company, Inc., Garden City New York, ©Copyright 1949, page 350.
4. Carol D'Este, *Patton, A Genius for War,* HarperCollins Publishers, New York, NY, ©Copyright 1995, page 680.
5. Martin Blumenson, *Patton, The Man Behind the Legend, 1885-1945,* Quill, William Marrow, New York, NY, ©Copyright 1985, page 251.
6. Carol D'Este, *Patton, A Genius for War,* HarperCollins Publishers, New York, NY, ©Copyright 1995, page 685.
7. 같은 책, page 686.
8. 같은 책, page 687.
9. 같은 책, page 689.
10. 같은 책, page 702.
11. 같은 책, page 720.
12. Stephen Ambrose, *The Supreme Commander, The War Years of Dwight D. Eisenhower,* University Press, Jackson Mississippi, ©Copyright 1970, page 659.

조지 패튼

- 출생-사망　1885년 11월 11일, 미국-1945년 12월 21일
- 주요 참전　제1차 세계대전, 제2차 세계대전
- 경력　　　벌지 대전투(1944), 북아프리카 롬멜
  　　　　　전차군단 전투(1943)
- 서훈 내역　미국 수훈십자상, 특별훈장, 퍼플하트
  　　　　　훈장
- DISC 스타일　DC 창조형

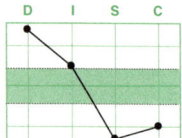

성장 과정

조지 패튼은 스코틀랜드 출신의 부유한 가문에서 태어나 어렸을 때부터 많은 고전과 전쟁에 대한 서적들을 접하며 자랐다. 군 영웅이자 아버지의 친구였던 존 모스비에게서 많은 이야기를 들으며 자란 패튼은 어려서부터 장군의 꿈을 키웠다.

패튼은 웨스트포인트 사관학교로 전학하기 전 버지니아 군사학교에서 1년을 보냈다. 전학 이후 수학 성적 탓에 1학년을 두 번 다녀야 했지만 겸허히 받아들이고 노력한 결과 전체 차석으로 졸업할 수 있었다. 그는 졸업 후 기병 장교로 군복무를 시작했다.

업적

멕시코 내전

패튼이 소위로 임관한 직후 멕시코 내전이 발발했는데 패튼은 이 전투에 존 퍼싱의 부관으로 참전하여 판초 비야의 반란군 지휘소를 급습, 장군 중 한 명을 사살하는 공을 세운다. 그러나 패튼은 자신이 사살한 장군의 몸을 자동차에 매달고 마치 퍼레이드를 하듯 돌아다녔고, 그는 이 독특한 행동으로 구설수에 올랐다. 그는 군인으로서 첫 전투에 임하기 전 큰 두려움에 사로잡혔었는데, 돌아가신 조상들을 만나는 꿈을 꾼 이후 용기를 낼 수 있었고, 전투에서 승리를 거둘 수 있었다고 밝혔다.

제1차 세계대전

제1차 세계대전이 벌어지면서 미국도 그 전쟁에 참여하게 되었고 퍼싱 장군은 한때 자신의 부관이기도 했던 패튼을 승진시켜서 프랑스로 파견했다. 패튼은 프랑스에 머물면서 기갑군단으로 전출되기를 희망했고, 이에 그는 전차를 처음으로 활용하기 시작한 캉브레 전투에 참전할 수 있었다. 그러나 그 당시 기갑군단의 역할이 관측에 한정되어 있었기 때문에 직접적인 교전에는 참여하지 않았다. 이후 그는 여러 번의 승전을 비롯해 전차병들을 위한 교육기관 설립에 큰 역할을 한 점을 인정받아 중령으로 승진하여 미육군 전차군단의 통솔을 맡게 되었다. 그 후 패튼은 특별훈장, 십자훈장, 퍼플하트 훈장 등 여러 훈장을 받았다.

전쟁 종식 후 패튼은 전차 전력의 중요성을 인식하고 새로운 기갑부대의 창설을 위해 노력을 기울였다. 전차의 활용성과 성능 그리고 전차 장비의 혁신을 위해 계속 연구했다. 그는 기갑여단 여단장, 기갑사단 부사단장 등을 거쳐 소장으로 승진했고, 1940년 제2기갑사단 사단장으로 임명되었다.

제2차 세계대전

기갑사단 사단장에 오른 패튼은 여러 가지 훈련을 실시했고, 후에 설립된 제1 기갑군단 군단장으로서 횃불 작전을 수행했다. 패튼의 부대는 1942년 모로코에 상륙했는데 그 과정에서 패튼과 주요 참모들이 타고 있던 어거스타호가 프랑스의 공격을 받았다.

1943년 영국과 미국 연합군이 케셀린 전투에서 독일 아프리카 군단에 패배하자 아이젠하워 장군은 상황 파악을 위해 오마 브래들리 장군을 급파했다. 브래들리는 패튼에게 부사령관의 직책을 맡겨 자신과 함께 전투를 이끌게 했다. 1944년 패튼이 이끄는 제3군은 북부 프랑스 지역을 빠른 시간에 탈환해 연합군의 영역을 넓히면서 많은 독일군을 생포하는 데 성공한다.

패튼에 대한 평가와 DISC 스타일

패튼은 제2차 세계대전 중 유럽과 지중해 전장에서 기동력이 필요한 전차전에서 뛰어난 능력을 보여주었다. 그는 주도형(D)과 신중형(C)이 강해 자신에게도 엄격하고 다른 사람들에게도 엄격함을 요구했다. 전략적 사고와 창의력으로 전차부대전에서 큰 성과를 냈다. 엄격한 규율과 자기희생 정신을 요구하며 휘하 장병들에게 대단한 자부심을 심어주었지만, 인간적으로는 자상하지 못한 거친 주도적 성격(D) 때문에 부하들에게서 '흉악한 늙은이'(Old Blood-and Guts)라는 별명으로 불렸다.

주도형이 강했던 패튼은 자신이 원하는 결과가 있으면 그 목표를 달성하기 위해 끊임없이 노력했고 빠르게 성취했다. 그러나 자기주장이 너무 강했던(D) 탓에 그는 자신의 성격을 이기지 못하고 적장의 시신을 차에 매달고 돌아다니거나 병사를 폭행하는 등 많은 구설수에 오르기도 했다.

*출처: Daum 백과사전

높은 C형(신중형) 행동유형

○ 높은 C형의 대표적 행동경향 ○

절차

구체적인 결과를 얻기 위해 특정한 행동 과정을 시행할 수 있다.

절제

사람이나 계획을 위태롭게 하지 않으려고 감정이나 발언, 또는 공격적인 행위를 억제할 수 있다.

오마 N. 브래들리

General Omar N. Bradley

○ 오마 N. 브래들리 장군의 대표적 프로파일* ○

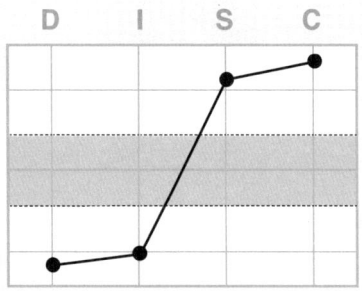

* 이 프로파일은 역사적 기록에 근거한 것으로 브래들리 장군의 행동유형을 가장 잘 나타내지만, 절대적으로 확신하기에는 불충분한 정보다.

높은 C형의 DISC 프로파일

일차적 욕구

비판적 사고, 협조적, 입증할 수 있는 자료

개인적 재능

팀플레이어, 업무 완수에 능함, 품질과 질서를 중시한다.

그룹에 기여하는 점

권위에 순응한다.[1]

본능적 두려움

자신에 대해 비판받음[2]

주

1. Ken Voges & Ron Braund, *Understanding How Others Misunderstand You* book, ⓒCopyright 1990, 1995, page 224, (『사람들은 왜 나를 오해할까?』 디모데 역간)
2. Ken Voges & Ron Braund, *Understanding How Others Misunderstand You* workbook, ⓒCopyright 1990, 1999, page 90, (『사람들은 왜 나를 오해할까?』 디모데 역간)

높은 C형의 행동 특성

성경 속 사례 연구 _ 출애굽기 32장

오마 브래들리 장군은 제2차 세계대전에서 활약한 군인 가운데 가장 위대한 군사 전략가로 평가받는다. 매우 조용하고 차분하고 온순하지만 브래들리는 그의 높은 지능, 뛰어난 판단력과 온화한 성품으로 아이젠하워를 감동시켰다.[1] 브래들리는 자신의 참모들을 존중하면서 훌륭한 전략전술로 진두지휘했다. 또한 아이젠하워를 온전히 신뢰하고 충성하여 가장 이상적인 부하가 되었고, 아이젠하워 또한 그를 깊이 신뢰했는데,[2] 아이젠하워가 브래들리에게 지속적으로 자문을 구할 정도였다.

1944년 12월 19일 베르됭에서 열린 중요한 회의 중, 아이젠하워는 한 의제에 대해 그들에게 참사로 돌아올 가능성에도 불구하고 브래들리가 '침착함을 유지하는 것'에 깊이 감동을 받았다. 상급 지휘관인 브래들리는 조용히 패튼에게 독일의 공격에 맞서 어떻게 방어하고 반격할 것인지를 설명하게 했다. 승리의 비결은 바스토뉴의 중요한 갈림길에서 열쇠를 쥐고 있는 101 공수부대를 패튼이 얼마나 빠르게 구출할 수 있느냐에 달려 있었다. 패튼의 허세가 고무적이기도 했지만, 아이젠하워는 브래들리의 조용하고 능숙한 지휘에 더 신뢰를 두었다.

예상대로 그 다음 날인 12월 20일 패튼은 바스토뉴를 독일에 양도할 것을 염두에 두었지만, 브래들리는 반대하고 그 도시를 구출하기 위한 계획을 세웠다. 브래들리는 남쪽의 반격을 최우선으로 삼았기 때문에 그의 본부를 패튼의 부대 옆에 위치시켰다. 그러나 브래들리가 벌지의 남쪽 끝에 위치해 있었기 때문에 아이젠하워는 북쪽 지구의 지휘권을 영국의 버나드 몽고메리(Bernard Montgomery) 장군에게 일시적으로 넘겨줘야 한다고 생각했다. 이 말은 브래들리의 제1군과 제9군에 대한 지휘권이 몽고메리 장군에게 넘어간다는 뜻이었다.

브래들리는 이 변화가 미국의 지도력에 부정적 영향을 미칠 것을 우려해 반대했다. 아이젠하워는 브래들리의 걱정을 일축하며 그런 일은 없을 것이고, 이 변화는 일시적인 것임을 확인시켜주었다. 그러나 몽고메리는 이 기회를 이용해 전장에 있는 모든 군대에 대한 작전 통제권을 요구하고, 그 권한을 받아내기 위해 아이젠하워에게 압력을 가했다.

그 사이 브래들리는 바스토뉴에서 교전 중인 병력을 구출하는 데 애를 먹고 있는 패튼을 지원하느라 바빴다. 12월 23일 패튼은 독일과 교전 중이었고, 크리스마스 다음 날 제101 부대와 연합하기로 되어 있었다. 패튼과 브래들리는 독일군이 한계에 도달하였고, 이 연합전선은 전쟁의 종결을 알리는 시점이 될 것이라고 믿었다.

브래들리는 몽고메리가 12월 25일에 전쟁에서의 협력을 논의하기 위해 회담을 열기 원한다는 소식을 들었다. 패튼이 이끄는 남쪽에서의 공격을 돕기 위해 몽고메리가 제1군을 인솔하여 북쪽에서 공격하겠다는 말을 할 것이라 기대하며 브래들리는 몽고메리의 본부로 갔다. 그러나 기대와는 달리, 브래들리는 미국이 광범위한 전선에서 전략적으로 실수하고 있다는 모욕적인 훈계를 참고 들어야 했다. 몽고메리는 브래들리가 할 수 있는 가장 좋은 작전은 후퇴를 명령하고 군대를 재편성하여 석 달 안에 다시 공격하는 것이라는 의견을 제시했다.

몽고메리는 자신의 정치적인 동지에게 보낸 편지에서 브래들리가 마르고 지쳐 보이며 불안해 보인다고 했다. 이에 덧붙여 정확하지는 않지만 미군이 그가 이야기한 모든 것에 동의했다고 말했다. 그는 생색을 내는 듯 덧붙였다. "불쌍한 친구, 정말 괜찮은 사람인데…이 모든 것이 그에게 쓰지만 약이 될 것이다."[3]

사실, 브래들리는 몽고메리가 한 모든 말에 소리 없이 반대했다. 그는 이렇게 적었다. "내 삶에서, 내가 이토록 격분하고 화난 적이 없었다. 무례하게 폭발하지 않도록 있는 힘을 다해 나 자신을 억눌러야만 했다. 속은 끓어오르지만 어떻게 해서든 나는 조용히 있었고, 몽고메리가 거만하게 계속 떠벌리는 소리를 들으며 고개를 끄덕였다. 그러나 어느 것에도 동의할 수 없었다…나는 잠자코 있었다."[4] 더 나아가 브래들리는 원래 계획대로 제3군의 공격적인 전투를 지원했다. 그 다음날 패튼의 제4기갑 사단은 바스토뉴를 구출하며 그 전쟁에서 가장 극적인 전투의 첫 번째 국면을 승리로 장식했다.

브래들리의 계획과 절제, 아이젠하워의 지지와 패튼의 불굴의 정신 덕분에 전쟁은 승리로 끝났다. 후에 처칠은 하원에서 이에 동의하는 연설을 했다.

모세와 아론 그리고 하나님

출애굽기 32장

"모세가 본즉 백성이 방자하니 이는 아론이 그들을 방자하게 하여 원수에게 조롱거리가 되게 하였음이라 이에 모세가 진 문에 서서 이르되 누구든지 여호와의 편에 있는 자는 내게로 나아오라 하매 레위 자손이 다 모여 그에게로 가는지라"(32:25-26).

"이튿날 모세가 백성에게 이르되 너희가 큰 죄를 범하였도다 내가 이제 여호와께로 올라가노니 혹 너희를 위하여 속죄가 될까 하노라 하고 모세가 여호와께로 다시 나아가"(32:30-31).

높은 C형은 품질 관리에 있어서 정확도와 탁월성에 전념하는 경향이 있다. 일반적으로 높은 C형이 임무를 맡으면 가장 세세한 사항까지도 확신할 수 있도록 일한다.

● **주된 특성**

신중한, 계산적인, 공손한, 외교와 절제의 모델로서 일단 합의된 사항은 가장 사소한 문제까지도 헌신적이고 충성스럽다.

● **높은 C형이 다른 사람에게 미치는 영향**

탁월함을 위해 전적으로 헌신하는 것을 일관성 있게 지속하는 모델이다.

모세의 높은 C형 리더십 스타일

모세를 통해 볼 수 있는 높은 C형 리더십 스타일은 구체적인 결과를 얻기 위해 계획된 행동 과정을 성공적으로 수행해낸다. 모세에게 주어진 구체적인 계획은 이스라엘 자손을 이집트에서 이끌어내 약속의 땅으로 인도하는 것이었다. 모세가 이 계획에 헌신했다는 사실만으로 그에게 이 일이 쉬웠다고 생각할 수는 없다. 높은 C형은 새로운 일에 확신이 없으며 매우 신중한 태도를 보인다. 출애굽기 앞부분에서는 모세가 하나님의 계획에 동의하기 전, 하나님이 응답해주신 모세의 두려움과 논쟁에 대해 이야기하고 있다. 출애굽기 4장 18절은 "모세가 그의 장인 이드로에게로 돌아가서 그에게 이르되 내가 애굽에 있는 내 형제들에게로 돌아가서…"라고 쓰여 있다. 모세는 하나님의 계획을 따르기로 결심했고 끝까지 헌신했다.

원래 세워진 계획을 따르려는 모세의 헌신은, 요구되는 결과를 얻기 위한 그의 결심에서 잘 드러난다. 출애굽기 32장 7-10절을 보면 이스라엘 백성의 죄를 두고 하나님이 모세와 대면하셨다. 하나님은 그들의 죄를 지적하시며 "그런즉 내가 하는 대로 두라 내가 그들에게 진노하여 그들을 진멸하고 너를 큰 나라가 되게 하리라"고 말씀하셨다.

하나님이 그 말씀대로 하시면 왜 안 되는지에 대한 모세의 설득은 아주 논리적이었다. 원래 계획대로 하시는 것이 논리적인 이유는 1) 그들을 이집트에서 인도해내신 분은 주님이시다(11절). 2) 이집트 사람들이 "하나님이 그들을 이집트에서 이끌어내 죽이려고 했다"고 말할 것이기 때문에 주님의 명예는 위기에 처하게 된다(12절). 3) 하나님은 아브라함, 이삭, 이스라엘에게 약속하셨으니 주님은 그것을 이루셔야 한다. 모세에게는 하나님이 시작하시고 모세가 수락한 계획대로 하시는 것이 논리적으로 맞아 보였다.

14절은 "여호와께서 뜻을 돌이키사"라고 말한다. 이 구절을 더 자세히 번역한다면 "하나님이 당신의 사람들을 해치겠다고 하신 말씀을 거두시고 억누르셨다"고 할 수 있다. 아우구스티누스는 "하나님의 주권 안에 있는 것들에 대한 예기치 않은 변화를 '후회'라고 부른다"고 말한다. 여기에 쓰인 히브리어는 계획되었던 것이나 탐탁지 않은 행동방침에서 구조되거나 완화된다는 의미가 내포되어 있다. 하나님은 '그의 생각을 바꾸지' 않으시고, 다만 다른 행동 방침으로 행하신 것이다.

그 후 모세는 산에서 내려갔고, 이스라엘 백성이 그를 주목하게 되었다. 모세는 그 증거판들을 깨뜨렸고(19절), 이스라엘 백성은 그 잊지 못할 축제에서 금송아지를 불에 태우고 가루가 될 때까지 빻았으며(20절), 3천 명 가량이 죽임을 당했고(25-28절), 남은 이스라엘 백성은 하나님께 헌신하게 되었다(29절). 그 후 모세는 그들을 위하여 중재해 보겠다고 말하고 다시 산 위로 올라갔다(30절).

하나님께 나아간 모세는 이스라엘 백성이 큰 죄를 범했다고 인정했다. 그리고 용서를 구했다. 만약 그렇게 하지 않으신다면 주님이 기록하신 책에서 자기 이름을 지워달라고 간청했다(31-32절). "주께서 기록하신 책에서 내 이름을 지워 버려 주옵소서"의 의미는 영원한 죽음이 아닌 육체적 죽음을 뜻한다. 결국 모세는 "원래 계획대로 하지 않으신다면 나는 이것을 하고 싶지 않습니다. 그러니 나를 죽여주십시오"라고 말한 것이다. 그는 하나님께 반역하고 용서받지 못하는 사람들과 연관되고 싶지 않았고, 그럴 바에야 일찍 육체적으로 죽는 것이 낫다고 생각한 것이다. 모세가 말한 책은 아마도 하나님의 백성, 즉 이스라엘의 인구 조사 내용이 기록된 책이었을 것이다.

하나님은 모세의 제안을 모두 거절하셨다. 하나님은 모세를 죽이지 않으실 것이며, 하나님은 그들의 죄를 완전히 용서하지 않으실 계획이었다. 누구든지 범죄하면 하나님은 당신의 책에서 그를 지워버리실 것이었다. 그러나 하나님은 그 백성을 없애지 않으실 것이며, 그들 가운데 나머지 사람들을 데리고 원래 계획대로 하실 것이라고 모세에게 말씀하셨다(34절).

예수님의 높은 C형 리더십 스타일

아래 본문에서는 예수님이 유다가 이끄는 무리에게 체포되시는 장면이 나온다. 예수님을 대제사장에게 데려가 심판받게 하려는 것이었다.

계획을 이루시려고 자제하시는 모습

"예수께서 [유다에게] 이르시되 친구여 네가 무엇을 하려고 왔는지 행하라 하신대 이에 그들이 나아와 예수께 손을 대어 잡는지라 예수와 함께 있던 자 중의 하나[베드로]가 손을 펴 칼을 빼어 대제사장의 종을 쳐 그 귀를 떨어뜨리니 이에 예수께서 이르시되 네 칼을 도로 칼집에 꽂으라 칼을 가지는 자는 다 칼로 망하느니라"(마 26:50-52).

베드로가 칼을 내리쳤을 때 예수님은 그를 멈추게 하셨다. 예수님은 베드로를 꾸짖으셨고 칼을 가지는 자는 그 대가를 치를 것이라고 말씀하셨다. 그 후 예수님은 자신이 하실 일에 대해 말씀하셨다.

"너는 내가 내 아버지께 구하여 지금 열두 군단 더 되는 천사를 보내시게 할 수 없는 줄로 아느냐 내가 만일 그렇게 하면 이런 일이 있으리라 한 성경이 어떻게 이루어지겠느냐 하시더라 그 때에 예수께서 무리에게 말씀하시되 너희가 강도를 잡는 것 같이 칼과 몽치를 가지고 나를 잡으러 나왔느냐 내가 날마다 성전에 앉아 가르쳤으되 너희가 나를 잡지 아니하였도다 그러나 이렇게 된 것은 다 선지자들의 글을 이루려 함이니라 하시더라 이에 제자들이 다 예수를 버리고 도망하니라"(마 26:53-56).

만약 예수님이 구조받기를 원하셨다면, 그분은 즉시 열두 군단 더 되는 천사(약 36,000에서 72,000명)를 동원하실 수 있었지만, 그것은 예수님의 계획이 아니었다.

예수님은 성경 말씀이 이루어지기 위하여 이런 일들이 꼭 일어나야 한다고 말씀하셨다. 56절에서 예수님은 무리에게 다시 한 번 이렇게 말씀하셨다. "이렇게 된 것은 다 선지자들의 글을 이루려 함이니라." 예수님은 성경 말씀이 이루어지도록 얼마나 놀라운 자제력을 보이셨는가!

재판이 진행되는 동안 거짓 증언이 나왔다.

"이 사람의 말이 내가 하나님의 성전을 헐고 사흘 동안에 지을 수 있다 하더라 하니 대제사장이 일어서서 예수께 묻되 아무 대답도 없느냐 이 사람들이 너를 치는 증거가 어떠하냐 하되 예수께서 침묵하시거늘 대제사장이 이르되 내가 너로 살아 계신 하나님께 맹세하게 하노니 네가 하나님의 아들 그리스도인지 우리에게 말하라"(26:61-63).

예수님에 대한 이 고소는, 예수님이 자신의 몸을 가리켜 하신 말씀을 오해한 것이었다. 그러나 예수님은 그에 대해 어떤 대답도 하지 않으셨다. 미완료 시제로 쓰인 것으로 보아 예수님이 자신을 향한 여러 고소를 들으시면서 조용히 계셨음을 알 수 있다. "맹세하게 하노니"라는 의미는 '어떤 사람을 신의 이름과 칭호를 이용해 맹세하게 하는 것'이라는 뜻이다.

[그런 후] "예수께서 이르시되 네가 말하였느니라 그러나 내가 너희에게 이르노니 이후에 인자가 권능의 우편에 앉아 있는 것과 하늘 구름을 타고 오는 것을 너희가 보리라 하시니"(26:64).

예수님은 "당신이 그렇게 말하였다"라고 말씀하셨다. 그런 후 예수님은 시편 110편과 다니엘 7장 13절에 나오는 예언을 인용하셨다.

그 후 재판이 로마 총독인 빌라도에게 이양되었고, 그는 예수님께 비슷한 질문을 던졌다.

"예수께서 총독 앞에 섰으매 총독이 물어 이르되 네가 유대인의 왕이냐 예수께서 대답하시되 네 말이 옳도다 하시고"(27:11).

예수님이 "네가 말하였느니라"고 하신 것은 그들이 고소한 바를 단언하시려는 뜻이었다. 그것이 고소인의 주장일 뿐이라고 말하시려는 것이 아니었다. 이것이 빌라도에게 의미하는 바는 예수님이 로마에 대한 저항을 이끄는 리더라는 것이었다.

> "대제사장들과 장로들에게 고발을 당하되 아무 대답도 아니하시는지라"(27:12).

논쟁하시는 예수님의 어조

예수님은 계속해서 놀라운 자제력을 보이셨다. 예수님은 그저 당신이 누구신지에 대해서만 말씀하셨다. 예수님의 행동이 정말 놀라운 이유는, 예수님은 그들을 무너뜨릴 수 있는 권세와 능력을 가지고 계셨지만 그렇게 하지 않으신 데 있다. 예수님은 우리를 구원하시려는 아버지의 계획을 이루시려고 자신의 정체성을 부인하시는 것으로 타협하지 않으시고 온전히 헌신하셨다.

사람들의 반응

대제사장들, 장로들과 빌라도는 이 상황을 전혀 이해하지 못했다. 그들은 계속해서 위협을 느꼈고, 이 문제를 해결하는 길은 예수님을 죽이는 것뿐이라고 결론을 내렸다. 이것은 하나님 아버지의 계획이었다.

결론

예수님은 죽음에 직면하셔서 배반과 체포, 재판 그리고 십자가의 고통까지도 감수하기로 하셨는데, 이것은 백성을 구원하기 위한 사역을 온전히 이루시기 위해서였다. 인간적인 표현으로, 그분의 놀라운 자제력은 높은 C형의 특징을 가장 잘 나타내고 있다.

주

1. Edgar F. Puryear, Jr., *19 Stars*, Presido Press, Novato, CA, ⓒCopyright 1971, page 218.
2. Steven Ambrose, *The Supreme Commander*, University Press of Mississippi, Jackson, Mississippi, ⓒCopyright 1970, page 622.
3. Richard Lamb, *Montgomery in 1943-1945*, Buchan & Enright Publishers, London, England, ⓒCopyright 1983, page 316.
4. Omar N. Bradley and Clay Blair, *A General's Life, An Autobiography by General of the Army Omar N. Bradley*, Simon and Schuster, New York, NY, ⓒCopyright 1983, page 370.

오마 브래들리

- 출생-사망   1893년 2월 12일, 미국-1981년 4월 8일
- 주요 참전   제2차 세계대전, 한국 전쟁
- 서훈 내역   은성 훈장, 특별 훈장, 대통령 자유 훈장, 훈공장
- DISC 스타일 CS 완벽주의형

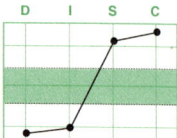

성장 과정

브래들리는 미주리 주 클라크에서 목사의 아들로 태어났다. 1911년 웨스트포인트 사관학교에 수석으로 입학한 브래들리는 수많은 장군을 배출한 웨스트포인트의 명성 탓에 주위의 기대를 한몸에 받았다. 그러나 졸업 후 대부분 동급생처럼 유럽 복무를 선택하지 않고 미국에서 기초를 다진 후 멕시코에서 복무했다.

제1차 세계대전 동안 미국에서 복무한 브래들리는 제2차 세계대전이 벌어지기 전까지 웨스트포인트 교관, 참모학교 상급보병 훈련 과정, 육군대학 등 다양한 경험을 쌓고 1941년 준장으로 승진한다. 브래들리는 노르망디 상륙작전에서 제12군집단의 지휘를 맡았다. 노르망디 전투 이후 독일 본토로 진격하는 전투의 지휘를 맡은 브래들리는 그 당시 12개 군단과 48개 사단 등 총 130만 명의 병력을 지휘했

는데 이 규모는 전무후무한 기록이다.

업적

제2차 세계대전

브래들리는 제2차 세계대전 초기에 포트베닝 보병학교 교장으로 복무하고 있었는데, 본격적인 전쟁 준비가 시작되면서 제82, 28사단을 맡게 되었다. 그가 제2군단을 이끌고 임한 북아프리카 원정에서 25만 명 이상의 항복을 받아냈고, 시칠리아 침공 작전도 성공적으로 마무리했다.

1943년이 끝날 무렵 미국 제1군 사령관직에 임명되어 프랑스 침공 계획에 참가한 브래들리는 노르망디 해안 공격과 본토 전투를 이끌었다. 파리 해방을 성공적으로 완수한 브래들리는 역사상 최대 규모의 병력을 거느리게 되었고, 독일, 네덜란드, 프랑스 등지의 여러 작전에서 승리를 거두며 이름을 알렸다.

이토록 많은 공을 세운 브래들리는 전후 미국으로 돌아가 재향군인 원호국장, 육군 참모총장, 초대 미국 합동참모본부 의장, 육군 원수 등 수많은 요직을 거치며 리더십을 발휘했다.

한국 전쟁

브래들리는 미국의 합동참모본부 의장으로 한국 전쟁에서 총사령관 역할을 맡았다. 1950년 북한이 남한을 침공했을 당시 브래들리는 제

2차 세계대전에서 많은 피해를 입은 미군의 재정비와 재배치에 힘을 쓰고 있었다. 트루먼 행정부의 국방예산 삭감 정책으로 미군은 제대로 장비를 갖추지도 못했고, 때문에 탱크와 대전차 무기, 대포 등 화력이 부족하여 부산까지 밀리는 어려운 상황에 처하게 되었다.

브래들리는 한국 전쟁 당시 군 최고 의사결정자로서 트루먼 대통령의 북진을 통한 '공산주의 숨통 조이기' 계획을 지지하는 입장이었다. 그러나 중공군이 1950년 말에 개입하여 다시 미군을 남쪽으로 밀어내기 시작하자 그는 그 계획을 포기하자는 의견에 동의했다. 북한을 견제하기 위한 전략을 펼치기 위해서였다. 견제 전략은 트루먼 행정부가 조정했고 공산주의 확장을 막기 위해 실시되었다. 더글러스 맥아더 장군과 노선이 달랐던 브래들리는 트루먼을 설득해 당시 대통령의 명령에 불복종한 맥아더의 지휘관직을 박탈하게 했다.

브래들리는 미국 연방의회의 증언에서 한국 전쟁에서 승리하기 위해 어떤 희생도 치러야 한다는 맥아더를 정면으로 반박했다. 1951년 4월 트루먼 대통령이 맥아더의 지휘권을 박탈했을 때 브래들리는 이렇게 말했다. "나는 우리가 지금 시행하고 있는 회피 전략이 평화를 유지하고 공산주의 확산을 막는 데 중요한 역할을 하고 있다고 생각한다. 우리는 이 전쟁을 중국으로 확장할 필요도 없고, 중요하지 않은 지역에서 우리 힘을 소진할 이유도 없다. 우리는 옳지 않은 시기에 잘못된 장소에서 잘못된 적과 싸우는 잘못된 전쟁을 피해야 한다." 브래들리의 이 증언은 맥아더에게 결정타가 되었다.

브래들리는 중국에서 쓸데없이 전력을 소모하면 유럽에서 소련과

줄다리기할 때 불리한 요소로 작용할 것이라고 믿었다. 맥아더는 이에 대해 반론을 제기하지 못했다. 그는 자신의 판단이 섣부른 것이었다고 시인했다.

브래들리에 대한 평가와 DISC 스타일

브래들리는 전투에서 아무리 승리가 중요하다고 해도 신중함과 침착함(C형)을 잃지 않았다. 그리고 그는 솔선수범의 리더십을 보이며 자기 부하들을 헌신적으로 아껴주었다. 그런 그의 리더십 덕분에 전쟁에서 많은 승리를 거둘 수 있었다. 그는 전쟁 역사상 가장 큰 규모의 병력을 가장 효과적으로 통솔했다. 그는 안정형(S)과 신중형(C) 둘 다 높은 성향을 가지고 있어 자신을 드러내기보다 과묵하게 기다릴 줄 아는 겸손한 사람이었다. 또한 자신이 아직 중요한 인재로 인식되지 못할 때에도 성장과 개발을 위한 노력을 멈추지 않았다.

  브래들리는 신중형과 안정형이 높은 탓에 전투 상황에 있지 않을 때는 꾸준히 전술을 연구하고 자신을 수련했다. 뿐만 아니라 빠른 결단이 필요한 전투 상황에서는 꼼꼼한 기질을 발휘하여 최대한 효과적인 전투를 할 수 있는 결정을 내렸다. 한국 전쟁의 마무리 단계에서 확전론자인 맥아더의 결정을 무모하다고 판단하여 트루먼 대통령의 재가를 얻어 맥아더를 해임시켰다. 그는 주변 사람들에게 온화하고 포용력이 높은 사람으로 인식되었는데, 이는 그의 높은 안정형 성향 때문이다.

*출처: Daum 백과사전

낮은 C형 행동유형

○ 높은 C형과 낮은 C형의 대표적 행동경향 ○

높은 C형
사실

문제를 해결하기 위한 중요한 세부 정보를
이성적으로 기억하고 상기할 수 있다.

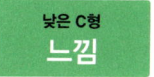

낮은 C형
느낌

다른 사람이 문제의 중요성을 이해할 수 있도록
감정을 표현할 수 있다.

노먼 슈워츠코프

General H. Norman Schwarzkophf

○ 노먼 슈워츠코프 장군의 대표적 프로파일* ○

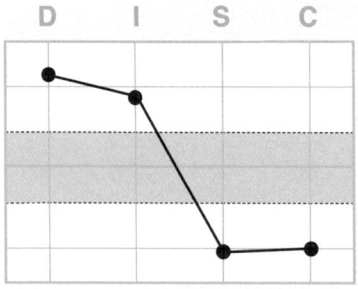

* 이 프로파일은 역사적 기록에 근거한 것으로 슈워츠코프 장군의 행동유형을 가장 잘 나타내지만, 절대적으로 확신하기에는 불충분한 정보다.

낮은 C형의 DISC 프로파일

일차적 욕구

개성이 강하다.

개인적 재능

기꺼이 책임을 맡으며, 어려운 일을 수행하는 데 촉매 역할을 한다.

본능적 두려움

업무나 목표를 완수하는 데 느리다.

맹점

자신의 공격적인 행동이 부정적 결과를 초래하는 것을 보지 못한다.[1]

주

1. Ken Voges & Ron Braund, *Understanding How Others Misunderstand You* book, ©Copyright 1999, page 54, (『사람들은 왜 나를 오해할까?』 디모데 역간)

낮은 C형의 행동 특성

성경 속 사례 연구 _ 사도행전 7:1-60 / 마태복음 23:1-36

1991년 2월 27일 저녁 9시, 노먼 슈워츠코프는 사우디아라비아 리야드의 하야트 리젠시 호텔에서 대국민 담화를 발표하기 위해 브리핑실로 들어갔다.[1] 성공적으로 수행된 지상전과 관련해 그는 기자들과 텔레비전 생중계를 보는 시청자들 앞에서 '모든 전황의 모체'를 설명했다. 슈워츠코프는 여러 차트를 보여주면서 쿠웨이트에서 가한 지상 공격으로 어떻게 승리를 거두었는지 설명한 후 기자들과 초청된 사람들에게서 질문을 받았다.

어느 기자가 물었다. "두 가지 질문을 드리겠습니다. 당신도 전쟁이 이렇게 쉽게 끝날 줄 예상했습니까? 그리고 사담 후세인을 군사 전략가로 어떻게 생각합니까?"[2]

슈워츠코프는 "하!"로 대답했고, 이는 관중의 폭소를 자아냈다.

슈워츠코프는 6주에 걸친 물자 공급과 전투 준비에 대해 설명했고, 자기도 이렇게 빨리 승리를 거둘지 예상하지 못했다고 인정했다. 그런 후 그는 단에 기대어 진지한 표정으로 그 기자를 똑바로 응시하며 사담 후세인에 대한 자신의 감정을 말했다.

카메라가 그의 얼굴을 클로즈업하는 동안 슈워츠코프는 비꼬는 말투로 이렇게 말했다. "군사 전략가로서의 사담 후세인에 대해 말씀 드리자면 그는 군사 전략가도 아니고, 군사 작전술을 배운 것도 아니며, 전술가도 아니고, 장군도 아니며, 병사도 아니라고 생각합니다. 그는 그냥 좋은 군인입니다." 그의 대답에 사람들은 더 크게 웃었고, 그는 재빨리 다음 질문으로 넘어갔다. 슈워츠코프는 후세인의 리더십 스타일에 대해 멸시가 섞인 감정적인 대답을 했다.

슈워츠코프의 대답을 더 잘 이해하기 위해서는 그의 가치관과 그가 휘하 군인들을 훈련하는 방법을 알아야 한다. 다른 무엇보다도 슈워츠코프는 자기 부하들을 진실하게 사랑했다. 그들의 안전과 생존은 그의 우선순위 중 하나였다.[3] 이에 반해 사담 후세인은 정반대의 견해를 가지고 있었다. 그는 대다수 미국인이 전쟁에서 다수의 사상자가 발생하는 것에 반대할 것을 확신했다. 그래서 미국이 계속 손실을 겪고 있는 전쟁터에서 막다른 궁지로 몰아넣어, 전쟁을 반대하는 정치적 움직임을 일으키고 싶어 했다.[4] 후세인은 자기 목표인 미국과의 평화 협상을 성사시키고 쿠웨이트와 석유를 장악할 수만 있다면, 자기 군인들을 얼마나 잃는지에 대해서는 관심이 없었다.

군사 작전술에 관해 슈워츠코프와 미군은 전략적으로 서로 어떻게 협조해야 하는지 교육을 받았다. 본질적으로, 더 큰 작전 목표를 이루려면 성공적인 전투와 교전이 시간과 공간 모두와 맞물려야 한다. 작전 목표가 달성되면 전반적인 야전합동 군사전략 목표를 이루고 승리하게 될 것이다.[5] 슈워츠코프는 사담 후세인이 이에 대해 전혀 몰랐다고 평가했다.

군에서 지도자는 대원들과 삶을 밀접하게 나누어야 한다. 크리스마스 때 슈워츠코프는 근무 중인 장병들과 어울리면서 국가에 이바지한 그들의 노고와 헌신에 고마움을 표시했다. 영내 식당 줄에 서서 네 시간 동안 4천 명의 군인과 악수를 나눴다. 슈워츠코프는 "내가 군에서 생활하는 동안 자주 경험한 일이지만, 내가 우리 장병들을 기분 좋게 해주면 그들도 나를 기분 좋게 해준다"고 했다.[6] 이에 반해, 사담은 냉혹했고 모든 것을 통제했다. 그가 어떤 장교, 군인이나 공무원에게 위협을 느끼면 그 사람은 어느 순간 사라져버렸다.

브리핑 자리에 있던 사람들은 슈워츠코프가 후세인을 혐오감으로 바라보고 있다는 사실을 느꼈을 것이다. 그의 가치 체계는 인간을 존중하는 삶의 가치를 반영한 것으로, 후세인과는 정반대였다. 슈워츠코프가 표현한 느낌과 감정은 그 모든 것을 증명해주었다.

스데반과 공회

사도행전 7:51-60

"목이 곧고 마음과 귀에 할례를 받지 못한 사람들아 너희도 너희 조상과 같이 항상 성령을 거스르는도다 너희 조상들이 선지자들 중의 누구를 박해하지 아니하였느냐 의인이 오시리라 예고한 자들을 그들이 죽였고 이제 너희는 그 의인을 잡아 준 자요 살인한 자가 되나니 너희는 천사가 전한 율법을 받고도 지키지 아니하였도다 하니라"(7:51).

"그들이 이 말을 듣고 마음에 찔려 그를 향하여 이를 갈거늘…그들이 큰 소리를 지르며 귀를 막고 일제히 그에게 달려들어 성 밖으로 내치고 돌로 칠새"(7:54, 57-58).

높은 C형이 절차와 질서를 선호하는 반면, 낮은 C형은 즉각적인 접근을 선호한다. 또한 낮은 C형은 언제 '현상 유지'에 도전장을 내야 하는지를 잘 안다.

- **주된 특성**

상호적이고, 변화를 일으키는 데 관여한다. 저항하고, 여간해서 고집이 꺾이지 않는다. 위선적인 사람을 만났을 때 냉소적인 경향이 있다. 위선을 보았을 때 그것에 맞서기 위해 피뢰침 같은 존재가 되는 경향이 있다.

- **낮은 C형이 다른 사람에게 미치는 영향**

어떤 시스템에 이의를 제기할 때 이를 지지하는 여론을 결집한다. 불행하게도 공격받은 사람들은 반격하는 경향이 있다. 다툼이 자주 뒤따른다.

스데반의 낮은 C형 리더십 스타일

낮은 C형의 사람은 다른 사람이 어떤 문제에 대한 중요성을 알아차리게 하기 위하여 자신의 감정을 표현할 줄 안다. 스데반이 공회 앞에서 이스라엘 종교지도자들에게 설교했을 때 그들의 관심을 끌었다.

스데반이 공회를 향해 설교한 배경은 사도행전 6장에서 찾을 수 있다. 많은 사람, 심지어 제사장까지도 예수 그리스도께 돌아왔다(7절). 자유민들의 회당에서 온 사람들이 스데반의 가르침을 두고 그와 논쟁하기 시작했으나 그들은 승리하지 못했다(9절). 그래서 그들은 어떤 사람들에게 거짓말을 하게 해 스데반을 공회로 끌고 갔다(11-12절). 이후 스데반에 대한 거짓 증언들이 만들어졌고(7:1), 공회는 이 혐의들이 사실인지 스데반에게 물었다.

이에 스데반은 중요한 사실들을 강조하며 이스라엘 역사를 요약하기 시작했다(7:2-38). 금송아지에 대한 부분에서 그는 자기 조상들이 하나님께 복종하지 않았고, 이것이 40년 광야 생활로 이어졌다고 지적했다(39절 이후).

스데반은 그들의 감정을 자극하기 시작했다. 그는 "목이 곧고 마음과 귀에 할례를 받지 못한 사람들아"(51절)고 말했다. 또한 그들이 조상들처럼 항상 성령을 거스른다고도 했다. 그리고 그들의 조상들이 모든 선지자와 '의인'이 오시리라고 예고한 자들을 박해했다고 지적했다. 스데반은 인신공격하듯 그들이 "그 의인을 잡아 준 자요 살인한 자가"(52절) 되었다고 말했다. 나아가 그들이 천사가 전한 율법을 받고도 지키지 않았다고 했다(53절).

사람들의 반응은 짐작하는 대로다. 그들의 감정은 몹시 상했고 스데반에게 이를 갈았다. 이것은 극심한 분노와 불만을 보여주기 위하여 큰소리로 이를 갈았음을 의미한다.

그러나 스데반은 그들의 행동에 겁먹지 않았다. 그는 오직 하늘을 우러러 주목하였고 성령 충만하여 "하나님의 영광과 및 예수께서 하나님 우편에 서신 것을"(55절) 보았다. 그는 "보라 하늘이 열리고 인자가 하나님 우편에 서신 것을 보노라"고 했다. 이것이 결정타가 된 세

가지 이유가 있다. (1) 스데반은 예수님이 신성모독 죄로 재판받으실 때 하신 말씀과 똑같이 말한 것이다. (2) "인자"는 다니엘 7장 13-14절에서 나오는 구세주와 연관된 단어인데, 예수님은 자신을 가리켜 그 단어를 쓰셨다. (3) 이 구절을 구세주를 언급한 본문인 다니엘 7장과 시편 110편 1절과 같이 보면, 예수님의 신성과 예수님이 하나님의 아들이심을 특별히 강조한다는 것을 알 수 있다.

이 여파는 그들이 감당할 수 있는 선을 넘었다. 그들은 큰소리를 지르고 귀를 막으며 스데반에게 달려들었고, 성 밖으로 내치고 돌로 쳐 죽였다(58절은 그 자리에 중요한 중인들이 있었음을 언급하면서 이것이 신성모독에 대한 공회의 법적 대응임을 보여준다).

돌팔매질을 당하고 있던 스데반이 한 말은 그들을 더 크게 자극했다. 그는 예수님께 자신의 영혼을 받아달라고 했고, 이 죄를 그들에게 돌리지 말아달라고 청했다.

스데반은 확실히 그들의 주의를 사로잡았다. 그는 이 공회에 참석한 모든 사람의 감정을 자극했고, 자신의 감정적인 발언에 전하려는 메시지를 잘 실었다. "예수님은 메시아시고 당신들이 그분을 죽였다!"

예수님의 낮은 C형 리더십 스타일

서기관들과 바리새인들은 율법에 대한 자신들의 해석을 기준으로 끊임없이 예수님께 도전했다. 그것은 예수님과 그분 제자들이 율법의 특정 부분들을 위반했기 때문이었다. 그들은 이러한 잘못들을 지적하며 예수님을 몰아붙였다. 마태복음 23장 1-36절에서 예수님은 형세를 역전시키시고, 그들이 어떻게 모세의 제도를 공허한 위선적 의식으로 바꾸었는지 비판하셨다.

낮은 C형: 감정에 기반을 둔 비판

1-12절에서 예수님은 "무엇이든지 그들이 말하는 바는 행하고 지키되 그들이 하는 행위는 본받지 말라 그들은 말만 하고 행하지 아니하며…그들의 모든 행위를 사람에게 보이고자 하나니 곧 그 경문 띠를 넓게 하며 옷술을 길게 하고…잔치의 윗자리와…시장에서 문안 받는 것과 사람에게 랍비라 칭함을 받는 것을 좋아하느니라"고 말씀하셨다.

서기관들과 바리새인들의 교만과 위선은 하늘을 찔렀다. 그들은 다른 사람들에게 무엇을 하라고 말할 수 있지만, 그들의 전통과 규범을 자신들에게 적용하고 싶은 마음은 전혀 없었다. 그들의 외모는 사회에서 중요한 사람들임을 나타냈고, 그들은 사람들에게 존경받고 싶어 했다.

13-33절에서 예수님은 그들의 위선을 지적하시며 강하게 비난하셨다. 각 구절은 "화 있을진저 외식하는 서기관들과 바리새인들이여"로 시작된다. "화 있을진저"라는 말은 재판의 의미가 포함되어 있고 "외식하는"은 가식적으로 행동하는 사람이나 배우를 뜻한다. 본질적으로 예수님은 하나님 아버지가 신성하게 만드신 제도 안에서 위선적으로 행동하는 사람들을 향하여 경고하시며 그들에게 판결을 내리셨다. 예수님은 하나님 아버지를 대신하셨으므로 아버지를 향한 그들의 무례함은 모두 예수님을 향한 것이었다.

예수님은 그들이 범죄한 행위를 나열하셨다.

13절 너희는 천국 문을 사람들 앞에서 닫았다.
14절 너희는 과부의 재산을 가로채고 사람들 앞에서 거룩하게 보이려고 길게 기도한다.
15절 너희는 교인 한 사람(이)…생기면 너희보다 배나 더 지옥 자식이 되게 한다.
16절 너희는 눈 먼 인도자다. 너희는 하나님의 성전을 물질화시켰다.
23절 너희는 작은 것에 대해서도 십일조를 드리면서 긍휼과 정의는 버렸다.

25절 너희는 겉은 깨끗이 하되 안은 더럽다.

27절 너희는 겉으로는 아름답게 보이나 안은 죽은 사람의 뼈와 같다.

29절 너희는 너희 조상들이 죽인 선지자들을 공경한다. 그러나 너희는 너희 조상들의 죄를 버리지 않고 끝까지 저지르고 있다.

33절에서 예수님은 지금까지 하신 말씀 중 가장 강한 비유를 사용하셨다. "뱀들아 독사의 새끼들아 너희가 어떻게 지옥의 판결을 피하겠느냐."

34-35절에서 예수님은 그들을 판단하신다.

"내가 너희에게 선지자들과 지혜 있는 자들(을)…보내매 너희가 그 중에서 더러는 죽이거나 십자가에 못 박고…의인 아벨의 피로부터…사가랴의 피까지 땅 위에서 흘린 의로운 피가 다 너희에게 돌아가리라."

예수님이 그들의 행동을 싫어하셨다고 말하는 것은 정말 절제된 표현이다.

바리새인들을 대하시는 예수님의 어조

주님의 어조는 매서웠다. 말씀의 내용은 혹독했고, 내리신 결론은 통렬한 비판이었다. 성경 어느 곳에도 이 본문보다 더 종교지도자들의 행동을 가리켜 감정적으로 비난하시며 말씀하신 곳은 없다.

바리새인들과 사람들의 반응

예수님의 가르침과 그분이 행하신 이적들로 인해 많은 사람이 예수님께 돌아왔다. 그러나 제사장들과 바리새인들은 예수님께 위협을 느꼈고 그분을 죽일 기회를 노렸다. 물론 이 상황은 하나님의 계획 안에 있었다.

결론

C형 행동경향에서 높은 C형과 낮은 C형의 리더십 스타일은 감정을 다르게 전달한다. 높은 C형은 겉으로 드러나는 감정을 조절하는 경향이 있는 반면에, 낮은 C형은 눈에 보이게 감정을 표현하는 경향이 있다. 모세, 브래들리(Bradley), 슈워츠코프와 스데반의 예를 보면 그들은 모두 감정 표현을 다르게 했음을 볼 수 있다. 브래들리와 모세는 극도로 절제하는 모습을 보였고, 슈워츠코프와 스데반은 아주 강렬했으며 표현력이 강했다. 그들 각각은 자신이 처해 있는 상황에 맞게 효과적으로 대처했다. 그러나 브래들리는 자신의 억눌린 분노를

나중에 아이젠하워에게 쏟아부었다는 결점을 보였다. 그는 그의 지휘권에 영향을 미친 아이젠하워의 결정을 용납하지 않았다. 모세 또한 민수기 20장에서 그의 분노를 사람들에게 퍼부었다. 그는 주님께 거역하고 주님의 거룩함을 나타내지 못한 이유로 약속의 땅에 들어가지 못했다. 슈위츠코프의 별명, '돌격대 노먼(Norman)'은 더 이상의 설명을 필요로 하지 않는다. 사도행전 7장에 나오는 것처럼 스데반은 강렬한 표현으로 결론을 내렸고, 이 때문에 그는 돌로 쳐 죽임을 당했다.

예수님의 감정 표현은 항상 균형 잡혀 있었다. 예수님이 체포당하셨을 때와 재판받으셨을 때 보여주신 자제력은 예언이 성취되기 위해 계획된 것이었고 필수적인 것이었다. 행동 면으로 볼 때 이것은 높은 C형의 특성과 일치한다. 종교지도자들과 그들의 전통에 맞서셨을 때 하신 예수님의 열정적이고 감정적인 말씀들은 정당한 이유가 있었다. 예수님의 가장 큰 비난은 이러한 지도자들, 특히 바리새인들, 자칭 학자들과 유대 율법을 지키고자 하는 사람들을 향했다. 예수님의 엄하고 감정적인 공격은 높은 D형 프로파일과 섞인 낮은 C형의 행동유형과 일치한다.

주

1. Michael R. Gordon and General Bernard E. Trainor, *The Generals' War*, Little, Brown & Company, New York, NY, ©Copyright 1995, page 416.
2. ABC News, *Schwarzkophf, How the War was Won(The Briefing)*, MPI, Home Video, ©Copyright 1991.
3. Tom Clancy with General Chuck Horner, *Every Man a Tiger*, G.P. Putnam's Sons, New York, NY, ©Copyright 1999, page 275.
4. Michael R. Gordon and General Bernard E. Trainor, *The Generals' War*, Little, Brown & Company, New York, NY, ©Copyright 1995, page 269.
5. Tom Clancy with General Fred Franks, *Into the Storm*, Berkley Books, New York, NY, ©Copyright 1997, page 139.
6. General H. Norman Schwarzkophf, *It Doesn't Take a Hero*, Bantam Books, New York, NY, ©Copyright 1992, page 399.

노먼 슈워츠코프

- 출생–사망　1934년 8월 22일, 미국 –2012년 12월 27일
- 학력　　　웨스트포인트 육군사관학교, 서던캘리 포니아 대학교
- 서훈 내역　은성 훈장, 퍼플하트 훈장, 훈공장
- 주요 참전　베트남 전쟁, 그레나다 침공, 걸프전쟁
- DISC 스타일　DI 결과지향형

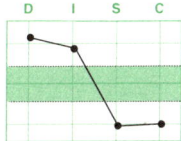

성장 과정

노먼 슈워츠코프는 뉴저지 주 트렌튼에서 태어나 미국과 이란에서 어린 시절을 보냈다. 그는 미국 웨스트포인트 육군사관학교를 졸업하고 1956년에 소위로 임관했다. 일련의 훈련 과정을 성공적으로 마친 슈워츠코프는 사관학교에서 교수요원직을 수행하던 도중 남베트남 육군 군사고문을 맡게 되었다. 그 후 미 육군 제6보병사단 1대대장으로 베트남 전쟁에 참전한다. 슈워츠코프는 베트남 전쟁에서 세운 공으로 은성 훈장과 두 개의 퍼플하트 훈장, 메리트 훈장 등을 받고 지속적인 상승세를 이어가던 중 육군 제24보병사단장으로 임명되어 1983년 그레나다 침공 작전에 참가했다.

　슈워츠코프는 1988년부터 미 중부사령관으로 재직하던 도중

1990년 사담 후세인이 이끄는 이라크 군대가 자행한 쿠웨이트 침공에 대응하라는 명령을 받았다. 원래 임무는 이라크의 공격에서 사우디아라비아를 지키는 것이었는데, 후에 다국적군의 사령관을 맡아 750,000명이 넘는 병사를 통솔하게 되었다. 외교적으로 원만한 해결이 불가능하다는 판단이 내려지자 "사막의 폭풍" 작전을 계획하여 이라크 군대를 섬멸하고 1991년 초에 쿠웨이트를 해방시켰다. 이러한 무공들로 슈워츠코프는 자국에서 영웅으로 불렸고, 그 작전은 미군 역사에 길이 남게 있다.

걸프전쟁이 끝나고 얼마 후 슈워츠코프는 은퇴했고 2012년에 폐렴으로 인한 합병증으로 타계하기까지 정치적인 공식 석상에 모습을 거의 드러내지 않으며 조용한 말년을 보냈다.

업적

베트남 전쟁

슈워츠코프는 베트남 전쟁에서 베트남 육군의 공수 사단 태스크 포스팀 고문을 맡았다. 이후 슈워츠코프는 제2군단 전술 지대이자 중앙 고원인 북쪽의 플레이쿠로 이동하여 8월 3일 베트남에서 첫 번째 전투를 수행했다. 첫 번째 임무는 포위되어 있는 1,000명이 넘는 남베트남 공수부대원들을 구출하는 것이었다. 그것은 까다로운 임무로서 적의 거센 저항을 받았다. 며칠 간 계속된 치열한 전투 후 8월 17

일이 되어서야 173공수 여단이 도착하자 전투가 종결되었다. 윌리엄 웨스트모어랜드 장군은 그 전투의 결과를 분석한 후 슈워츠코프에게 공을 돌렸다. 이 전투에서 보여준 리더십으로 슈워츠코프는 은성 훈장을 받았다.

걸프전쟁

이라크는 원유 공급 문제로 쿠웨이트와 알력 다툼을 벌이던 중 1990년에 쿠웨이트를 침공했다. 사담 후세인은 쿠웨이트를 침공하며 "쿠웨이트의 원유 과잉 공급으로 유가가 하락했고, 이로 인해 이라크는 140억 달러의 손해를 보았다"고 명분을 밝혔다. 쿠웨이트는 이에 맞서 이라크가 쿠웨이트에 밀린 국가 채무를 갚지 않으려는 비겁한 공격이라고 반발했다. 결국 대화를 통한 해결은 무산됐고 이라크는 쿠웨이트를 무력으로 점령했다. 국제사회는 유엔 안보리를 통해 12개의 결의안을 발표하면서 이라크는 분명한 침략자이며 쿠웨이트에서 즉시 철수하지 않으면 마찬가지로 무력으로 대응할 수밖에 없다고 경고했다.

결국 미국은 슈워츠코프 장군을 필두로 70만 명 가까이 되는 병력으로 바그다드에서 "사막의 폭풍" 작전을 실시한다. 최신장비와 효율적인 전술을 앞세운 다국적군의 기세에 이라크군은 6주 만에 무너지고 말았다. 이라크의 무력 사용으로 촉발된 이 전쟁에서 이라크군 42개 사단 중 41개 사단이 전멸했고, 민간인을 포함해 15만 명에 육박하는 희생자가 발생했다. 반면 다국적군의 피해는 126명에 불과했다.

슈워츠코프에 대한 평가와 DISC 스타일

슈워츠코프는 자기 병사들을 아끼는 지휘관으로 유명했다. 베트남 전쟁 당시 대대장을 지낸 그는 지뢰밭에서 부하들이 부상을 입고 고립되자 용감하게(D형) 직접 지뢰밭으로 들어가 부하들을 구출해 나올 정도로 부하들을 소중히 여겼다. 그렇게 세운 공들로 동성 훈장을 받았고 병사들에게도 큰 신뢰를 얻을 수 있었다. 지휘관이란 부하들과 항상 의사소통(I형)에 막힘이 없이 교감하고 고된 현장에서 함께 어울려야 한다는 것이 슈워츠코프의 철학이었다.

이런 그의 특성은 주도형과 사교형이 높은 기질로 설명할 수 있다. 작전을 수행할 때는 주도형 특유의 강한 리더십을 발휘하여 성과를 내지만, 그러면서도 부하들을 소중히 여기고 그들에게 신뢰를 심어주는 사교형을 동시에 발휘하는 것이 슈워츠코프의 리더십이었다.

*출처: Wikipedia, 중앙시사매거진

"섬기는 리더는 사명을 섬기고,
또한 사명을 같이하는 자들을 섬김으로써 이끈다."
―― 진 윌크스 Gene Wilkes 『마음을 움직이는 리더십』(디모데 역간)

2부

예수님,
**다양하게 변화하는
리더십 스타일**

Discovering
the Leadership Style
of Jesus

지금까지 우리는 역사적으로 유명한 군사적, 정치적 인물들과 주어진 환경에서 특정한 필요를 채우시려고 특정한 행동유형을 보여주신 예수님의 예를 통해 여덟 가지 DISC 행동유형을 살펴보았다. 리더십에 있어서 어느 한 기질이 다른 기질보다 더 우월하지는 않다. 진 윌크스의 책 『마음을 움직이는 리더십』에서는 이 주제에 대한 하나님의 시각을 이야기한다. "하나님은 리더를 찾으러 다니지 않으셨다. 하나님은 순종하는 사람들을 찾으시고 그들을 리더로 만드셨다."[1]

하나님이 이루고자 하시는 사명이 있으면 기질들의 한계는 문제가 안 된다. 하나님이 중요하게 여기시는 것은 유용성(availability)과 융통성(flexibility) 그리고 순종이다. 성경 속 사례 연구들을 보면, 우리가 한계를 느끼는 부분에서 하나님이 언제나 능력을 추가로 공급해주시는 것을 볼 수 있다. 모세와 아론이 이룬 팀은 이것을 증명하는 매우 전형적인 예다. 하나님의 대변인으로서 바로 왕 앞에 서야 하는 입장에서 높은 C형인 모세가 말한 변명 중 하나는 혀가 둔하다는 것이었다. 그 말은 틀리지 않았다. 그러나 주님은 벌써 해결책을 가지고 계셨다. 모세의 형 아론은 높은 I형으로서 그 부분에 은사가 있었다. 둘 다 강력한 문제 해결책을 싫어하므로 하나님이 그 역할을 맡으셨다.

정말로 유능한 리더는 자신의 스타일을 바꾸어 같은 상황에서 각각 다른 필요들을 채울 수 있는 능력을 가진 사람이다. 이 말은 동일한 상황에서도 어떤 사람들이 연관되어 있느냐에 따라 각각 다른 스타일이 요구된다는 것이다. 예를 들면, 사랑하는 사람의 죽음을 맞아 비통해하는 사람들은 그들에게 맞는 서로 다른 어조, 다른 비언어적인 행동이나 다른 말로 표현된 위로가 필요할 것이다. 리더는 전체의 필요를 항상 인지하고 있으면서 개개인을 위로하기 위해 어떤 스타일을 사용해야 하는지를 알아야 한다. 이런 유능함을 얻기 위해서는 통찰력 있는 세심함, 지식, 경험, 성숙함 그리고 하나님의 리더십에 대해 열린 마음이 있어야 한다. 이러한 능력을 개발하는 데 예수님이 모델이 되신다는 것은 의심할 여지가 없다.

　이 개념을 이해하기 위해 우리는 매우 감정적인 상황에 처해서 각기 다른 적절한 반응이 필요한 사람들에 대한 여러 사례 연구를 다시 한 번 살펴볼 것이다. 앞에서 그런 것처럼 오늘날의 예와 예수님이 처하셨던 상황을 비교하며 결론을 내릴 것이다. 하지만 주된 초점은 예수님이 스타일을 바꾸시면서 보이신 행동이다. 이 사례 연구는 각각 다른 필요와 문제들을 한꺼번에 해결할 수 있도록 어떻게 다양한 행동으로 반응해야 하는지 알려줄 것이다.

주

1. Gene Wilkes, *Jesus on Leadership*, Tyndale House Publishers, Inc., Wheaton, IL, ©Copyright 1999, page 145. (『마음을 움직이는 리더십』 디모데 역간)

예수님의
리더십 스타일에 대한
사례 연구

섬기는 리더십의 모범

성경 본문 _ 요한복음 11:1-37

여러 해 전, 우리 교회 담임목사님이 내(켄)게 공석인 기독교교육 책임자 자리를 맡아달라고 제안했다. 물론 교회 임원들이 그 자리를 어떻게 할지 결정할 때까지만이었다. 지금까지 평신도로서 여러 직책을 맡았지만, 이것은 임원으로 교회를 섬길 수 있는 첫 번째 기회였다. 목사님은 나를 돕기 위해 수잔 매독스(Susan Maddox)라는 여직원을 채용했다고 알려주었다. 그 당시 나는 그녀를 전혀 몰랐지만, 그녀가 어떤 사람인지 알기까지 많은 시간이 필요하지 않았다.

나는 4-12살 어린이들의 대규모 습격을 대비하며 '놀란 토끼' 표정으로 출근했다. 나는 모든 것을 할 수 있다는 멋진 표정을 지으려 했지만, "제발 아무것도 물어보지 마세요. 나는 뭘 해야 하는지 아무것도 몰라요" 하는 표정을 숨길 수 없었다. 다행히 그날 제일 처음 만난 사람은 나의 비서, 수잔 매독스였다.

수잔은 순수 폴란드 혈통으로 뉴욕 주 브루클린에서 자랐다. 그녀는 켄터키 사람이자 해병대 출신인 지미 매독스(Jimmy Maddox)와 결혼했고, 내가 그녀를 만났을 때 6, 8, 12살인 세 자녀가 있었다. 수잔은 결혼하면서 플로리다와 텍사스를 제외한 전 세계 어디라도 갈 수 있다고 결심했다. 그런데 주님은 그들을 텍사스 휴스턴으로 이끄셨다.

170센티미터의 큰 키에 호리호리한 체구를 가진 수잔은 에너지가 넘치는 사람이었다. 그녀는 자신이 맡은 일에 책임을 다했고, 무엇을 해야 하는지 육감으로 바로 알고 실행했다. 그녀와 일하며 내게 처음 든 생각은 '공식적으로는 내가 상사지만 6개월 후에는 내가 비공식적으로 수잔을 위해 일하겠구나' 하는 것이었다. 그러나 그 생각은 틀렸다. 그렇게 되는 데 겨우 3개월밖에 걸리지 않았다. 그렇지만 우리가 일하는 스타일은 서로 잘 맞았다. 수잔은 내게 없는 자질들을 가지고 있었다. 그리고 그녀가 일하기 위해 필요한 자원들은 내가 가지고 있었다. 우리는 책임을 나누어 맡았고 사역의 필요들을 함께 채워 갔다. 나는 틀림없이 주님이 우리 팀을 만드셨다고 믿었다.

수잔은 신약 인물 마르다의 행동 프로파일(S/D)을 가지고 있으면서 동생인 마리아의 마음을 가지고 있었다. 그녀는 주일날 성경공부 시간이면 어디에나 있었다. 그녀는 그것을 '휙휙'(whooshing)이라고 불렀다. 그래서 내가 그녀를 부르는 별명도 '휙휙'이었다. 그러나 내 눈에 가장 많이 띈 것은 아이들을 향한 그녀의 마음이었다. 그녀는 모든 주일학교 교사에게 그들이 자기 반을 가르치는 데 필요한 것을 제공하기 위해 열정적이고 끈기 있게 그리고 헌신적으로 섬겼다. 자신을 내려놓은 그녀는 어느 일도 하찮게 여기지 않고 교사들의 필요를 채

위주었다. 각 과에서 필요한 구체적인 소품이나 교구들을 미리 살펴보았다. 그런 다음 그녀는 그것이 오려져 있고 한 곳에 모여 있으며, 교사들이 바로 쓸 수 있도록 상자에 준비되어 있는지를 확인했다. 흙이 필요했던 어느 주일, 교사들의 상자에는 봉인된 비닐봉지에 흙이 어김없이 담겨 있었다.

교사들을 위한 특별한 다과는 늘 있는 일이었다. 어느 교사의 생일도 그 반 아이들과 함께하는 특별한 파티 없이 지나가는 일이 없었다. 그녀는 모두의 축하 메시지를 담은 생일 카드와 함께 항상 먹을 것을 준비했다.

활발한 성격이 그녀의 트레이드마크였지만, 그녀는 다른 사람들과 다른 독특한 특징을 가지고 있었다. 어느 아이가 무엇을 원하든지 그때마다 그녀는 자기가 하던 일을 멈추고 그 아이에게 시간을 쏟았다. 더 나아가 수잔은 항상 그 아이의 눈높이에 맞추어 인내심을 가지고 아이의 필요를 귀 기울여 듣고 채워주었다. 나는 그녀가 그렇게 다양하게 리더십을 변화시키는 것을 보고 늘 감탄했다. 그것은 정말 괄목할 만했고 대단한 효과를 발휘했다.

1년 후 그녀를 전임으로 채용하도록 이사회에 제안하려 했는데, 그녀는 나를 또 한 번 놀라게 했다. 그녀는 세 자녀를 기독교 학교에 보내기 위해 그 학교에서 파트타임 근무를 하며 부분 장학금을 받고 있었다. 그 학교에서는 그녀를 '점심 부인'이라고 불렀는데, 그녀의 역할은 메뉴를 정하고 급식 회사에 전화를 걸어 점심을 주문하고 돈을 걷는 일이었다. 그녀는 더 먹지 않으면 배가 고플 사람들을 위해 항상 점심을 넉넉하게 주문했다.

그녀의 전형적 스타일대로 그녀는 논리적으로 재정을 정리했는데, 자기가 우리 교회에서 전임으로 일할 경우 부분 장학금으로 받는 비용을 가까스로 상쇄할 것이라는 결론을 내렸다. 무엇보다 학교에서 자기 아이들을 만날 수 있는 기회를 잃는다는 것이 불편하게 느껴졌다. 나중에 내가 그녀의 계산을 확인해보았다. 그녀가 자녀들을 학교에 보내는 데 쓰는 비용과 그녀의 수입을 비교해보니 그녀에게 매달 남는 돈은 5달러 이하였다. 우리는 그녀를 계속 파트타임(실제 근무 시간은 전임)으로 근무하게 하면서 급여를 올려주었다. 그녀의 성품대로 그녀는 이 추가 지원에 대해 가책을 느꼈다.

나는 회사에서 더 많은 시간을 일해야 했고, 나 없이도 수잔이 잘할 수 있다는 것을 믿었기 때문에 나는 기독교교육 책임자에서 사임했다. 그녀는 2000년 1월 1일까지 섬겼다. 바로 그날, 매독스 가족은 새해를 맞이해 친구들을 만나려고 여행 중이었다. 이웃에 사는 남자아이도 동행했는데, 때문에 누구 한 명이 포드 익스플로러의 짐 싣는 맨 뒷자리에 앉아야 했다. 수잔은 모든 아이가 안전벨트를 매게 하려고 맨 뒤 칸에 앉았다.

교차로에서 다른 자동차가 정지신호를 무시하고 달려와 수잔의 차 옆을 들이박았다. 수잔은 차에서 튕겨져 나왔고, 새해인 그날 아침 10시쯤 천국으로 떠났다. 차에 탄 나머지 사람들은 가벼운 부상만 입었다.

이 사고는 뉴스로 빠르게 전해졌고, 우리 교회는 이 가족을 돕기

점심 부인

위해 특별 장로회의를 소집했다. 내가 도착했을 때 교회에는 이미 많은 사람으로 붐볐다. 내가 교회에 다닌 25년 동안 이런 반응은 처음 보았다. 교회뿐만 아니라 지역사회가 진정으로 큰 슬픔에 빠졌고, 그 가족을 도울 방법을 부지런히 찾았다.

그 주 수요일 오후에 추도식이 열렸는데 교회는 사람들을 다 수용할 수 없었다. 교회 설립 후 가장 많은 사람이 모였다. 수잔을 향한 뜨거운 애도, 존경과 지지는 유가족을 당황하게 할 정도였다. 우리 교회와 지역사회가 진실로 섬기는 리더를 잃어버린 것이었다. 그 다음 주일 수잔이 교사들에게 필요한 모든 것을 이미 준비해놓았음에도 불구하고 그녀의 역할을 채우기 위해 네 사람이 필요했다.

사람들은 '왜'라는 질문을 자연스럽게 하게 되었고, 나도 그랬다. 이 상황을 감정적으로 이겨내기 위해서는 주님이 천국에서 수잔을 위해 더 중요하고 긴급한 역할을 준비해놓으셨을 거라고 생각해야만 했다. 그리고 수잔 가족은 최선을 다해 이 슬픔을 극복하려고 노력해야만 했다. 아이들이 재정적인 부담 없이 계속 교육받을 수 있도록 장학기금이 마련되었다. 그러나 수잔을 잃은 것은 다른 문제였다. 우리 교회 공동체는 기도하면서 필요한 지원을 하기 위해 할 수 있는 최선을 다했고, 이 과정은 계속될 것이다. 끝으로, 오늘날 섬기는 지도자의 예를 찾는다면, 나는 아직까지 수잔 매독스보다 더 훌륭한 예를 발견하지 못했다.

예수님의
리더십 스타일에 대한
사례 연구

가정의 필요를
채우시는 예수님

예수님이 이 땅에 우리와 함께 계셨을 때 예수님께서는 집이라고 부를 만한 곳이 없었다. 그러나 예루살렘에서 약 3킬로미터 정도 떨어진 베다니 마을에 살고 있던 한 유명한 가족이 예수님을 초청했다. 그들은 예수님이 원하시는 만큼 그들과 오래 같이 사시기를 원했다. 예수님의 친구 나사로는 유대인 사회에서 존경받는 영향력 있는 사람이었다. 그는 두 누이, 마리아와 마르다와 함께 살았는데 그들은 예수님을 기쁨으로 맞이하였다. 온화한 마리아는 예수님의 발아래에 앉아 주님의 가르침을 듣는 것을 좋아한 반면, 적극적인 성격을 가진 마르다는 식사를 준비하느라 항상 바빴다.

요한복음 11장 1-37절에서 사도 요한은, 예수 그리스도의 지상 사명을 마무리 짓는 활동이 시작되는 사건들을 기록하고 있다. 나사로의 죽음으로 시작된 1-11절은 그를 죽음에서 일으키실 예수님의 계획을 이야기해준다. 이 단순한 이야기에서, 이 사건이 시작되기 전부터 예수님은 분명히 어떤 계획을 가지고 계셨다는 것을 알 수 있다.

- 예수님은 나사로를 사랑하셨다.
- 예수님은 "이 병은 죽을 병이 아니라 하나님의 영광을 위함이요"라고 말씀하셨다.
- 예수님은 나사로가 병들었다는 것을 들으시고도 그곳에 이틀 더 머무셨다.
- 예수님은 제자들에게 "우리 친구 나사로가 잠들었도다"고 말씀하신 후 "나사로가 죽었느니라"고 명확히 말씀하셨다.
- 예수님이 제자들에게 "내가 깨우러 가노라"고 말씀하셨다.

20절에서 드디어 예수님이 현장에 등장하셨다.

마르다는 예수님이 오신다는 말을 듣고 곧 나가 예수님을 맞이했지만, 마리아는 집에 앉아 있었다. 마르다는 예수님께 "주께서 여기 계셨더라면 내 오라버니가 죽지 아니하였겠나이다"고 말했다.

적극적인 마르다는 주님을 만나러 나갔지만, 소극적인 마리아는 집에 있었다. 마르다의 말과 행동은 그녀가 얼마나 적극적인 사람인지를 보여준다. 그녀는 자기 생각을 빨리 예수님께 말하고 싶어서 기다릴 수가 없었다. 더구나 그 당시 문화 전통과 관습을 어기면서까지 예수님을 만나러 나간 것이다.

21절에서 마르다는 조건문을 쓰면서 예수님이 그 자리에 계시지 않아 그녀의 오라버니가 죽었다고 자기 생각을 강조했다. 마르다는 솔직하게 예수님이 더 일찍 오시지 않은 것을 강한 어조로 비난했다. 그녀의 말로 예수님이 더 일찍 오셨으면 하는 마음이 전달되었겠지만, 그녀의 어조에는 분명히 책망하는 메시지가 있었다.

  22절에서 마르다는 낙심한 마음을 가라앉히고 상황을 시정해달라고 호소했다. 그러면서 주님께 하나님 아버지가 계시다는 것을 다시 말한 것은, 예수님을 믿는 믿음과 오라버니를 다시 찾기를 바라는 필사적인 노력이 동반된 것이었다. 그녀는 포기하지 않았다. 그러나 대화의 후반부를 보면, 그녀가 정말로 기적을 기대하지 않았다는 것을 알 수 있다. 틀림없이 마르다는 자기 감정을 가누기 어려웠을 것이고, 예수님이 더 빨리 움직이셨더라면 이 모든 일이 일어나지 않았으리라고 생각했을 것이다.

  23절을 보면 예수님은 나사로가 다시 살아날 것을 알려주셨다. 예수님의 말씀을 들은 마르다는 마지막 부활 때를 뜻하시는 것으로 이해했다. 마르다에게 예수님이 정말로 나사로를 다시 살리실 것이라는 충분한 믿음이 없었든지, 아니면 예수님 말씀을 그저 신학적인 것으로 들었던 것이다.

  25-27절에서 예수님은 마르다의 걱정에 대해 대답하셨다. 예수님은 마르다에게 부활과 생명은 다 하나님께 있다고 상기시켜주셨다. 영원한 생명은 하나님을 믿음으로 말미암아 주어진다고 말씀하셨다. 예수님은 마르다의 염려에 관해 직접적으로 말씀하셨다.

"나는 부활이요 생명이니 나를 믿는 자는 죽어도 살겠고 무릇 살아서 나를 믿는 자는 영원히 죽지 아니하리니 이것을 네가 믿느냐."

마르다는 믿는다고 대답하며 "주는 그리스도시요 세상에 오시는 하나님의 아들이신 줄 내가 믿나이다"고 고백했다. 그 후 그녀는 돌아가서 마리아를 불러 예수님이 찾으신다고 알려주었다.

요약하면, 마르다가 예수님과 나눈 대화는 지적이었으며 신학과 사실에 기반을 둔 것이었다. 마르다의 어조는 도전적이었고 비난하는 말투였으나, 예수님은 사실에만 입각한 태도와 신학적인 어조로 말씀하셨다. 예수님은 그녀의 접근 방식에 기분이 상하지 않으셨을 것이다. 오히려 예수님은 그녀의 염려에 대해 오빠를 죽음에서 다시 살릴 수 있는 하나님의 능력을 믿는지 물으심으로써 그녀를 도전하셨다. 그녀는 이 방법으로 위로를 받았던 것으로 보인다.

예수님이 자기를 찾으신다는 소식을 들은 마리아는 급히 일어나 예수님께 갔다. 그러나 예수님은 마르다가 맞이했던 곳에 계셨다. 가족을 위로하던 유대인들은 마리아가 무덤에 가는 줄로 생각하고 마리아를 따라갔다. 그러나 그녀는 무덤이 아닌 주님과 이야기하러 갔다. 그녀의 말을 살펴보자.

"마리아가 예수 계신 곳에 가서 뵈옵고 그 발 앞에 엎드리어 이르되 주께서 여기 계셨더라면 내 오라버니가 죽지 아니하였겠나이다 하더라 예수께서 그가 우는 것과 또 함께 온 유대인들이 우는 것을 보시고 심령에 비통히 여기시고 불쌍히 여기사 이르시되 그를 어디 두었느냐…예수께서 눈물을 흘리시더라."

예수님을 만났을 때 마리아는 마르다와 같은 조건문을 썼지만, 그녀의 말투는 마르다와 확연히 달랐다. 예수님이 자기를 부르실 때까지 기다리면서 예절을 지켰다. 예수님이 계신 곳에 다다랐을 때 그 발 앞에 엎드렸다. 마리아는 울면서 마르다와 똑같은 말을 했지만, 그것은 실망으로 인한 비난보다는 비통함이었다.

두 자매가 똑같은 말을 했음에도 불구하고 예수님은 매우 다르게 반응하셨다. 이것은 두 사람의 각기 다른 행동유형을 볼 때 짐작할 수 있다. 예수님은 높은 D형의 마르다에게는 사실을 말씀하시며 신학적으로 접근하셨다. 높은 S형/ 낮은 D형인 마리아에게는 공감하시는 것으로 반응하셨다.

○ 마르다의 대표적 프로파일* ○

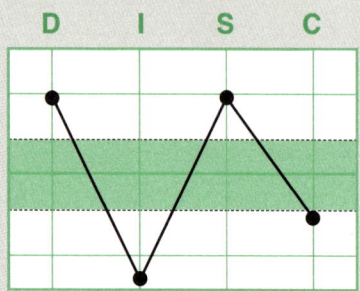

일차적 욕구 주인의식을 가지고 성실하게 일한다. 부지런하다.
개인적 재능 과제를 완수한다.
본능적 두려움 기준을 준수하지 않는 것
맹   점 일을 완수하는 것만큼 관계가 중요하다는 것을 인식하지 못한다.[1]

* 이 프로파일은 역사적 기록에 근거한 것으로 마르다의 행동유형을 가장 잘 나타내지만, 절대적으로 확신하기에는 불충분한 정보다.

주

1. Ken Voges & Ron Braund, *Understanding How Others Misunderstand You* workbook, ⓒCopyright 1999, page 78, (『사람들은 왜 나를 오해할까?』 디모데 역간)

○ **마리아의 대표적 프로파일*** ○

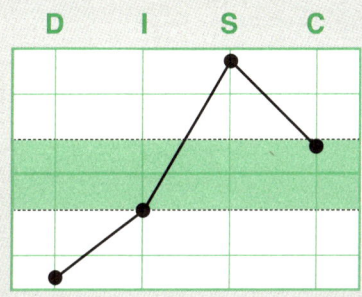

일차적 욕구	통제 가능하고 안정된 환경, 가족의 안정과 평화
개인적 재능	권위 있는 사람을 존경함, 전통을 이어나감
본능적 두려움	강해지는 것, 다른 사람과 충돌하는 것
맹 점	자기 행동에 힘이 있다고 확신하지 못한다.[1]

* 이 프로파일은 역사적 기록에 근거한 것으로 마리아의 행동유형을 가장 잘 나타내지만, 절대적으로 확신하기에는 불충분한 정보다.

주

1. Ken Voges & Ron Braund, *Understanding How Others Misunderstand You* workbook, ⓒCopyright 1999, page 54, (『사람들은 왜 나를 오해할까?』 디모데 역간)

"모든 사람이 죄를 범하였으매
하나님의 영광에 이르지 못하더니
그리스도 예수 안에 있는 속량으로 말미암아
하나님의 은혜로 값없이 의롭다 하심을
얻은 자 되었느니라."
—— 바울, 로마서 3:23-24

—— 은혜의 정의: "값없이 받는 선물"

예수님의
리더십 스타일에 대한
사례 연구

지역사회의 필요를
채우시는 예수님

성경 본문 _ 요한복음 8:1-11

앞에서 언급한 것처럼, 유능한 지도자를 가늠하는 중요한 척도는 필요와 상황의 요구에 따라 리더십을 변화시킬 수 있는 능력이다. 성경에서 간음하다 붙잡힌 여자의 이야기보다 이것을 더 효과적으로 설명해주는 예는 없다. 예수님은 그분 앞에 놓인 즉흥적이고 생명을 위협하는 문제를 해결하시려고 자신의 스타일을 적어도 네 번 바꾸셨다. 같은 상황에서 현저하게 다른 개인과 공동체의 필요를 동시에 채워주는 대표적인 예다.

   요한복음 8장 2절을 보면 예수님이 성전에 들어오시자 사람들이 그분의 말씀을 들으려고 나아왔다. 예수님은 늘 하시던 대로 앉아서 그들을 가르치셨다. 말씀하시는 동안 주님은 몸짓과 표정으로 듣는 이들에게 편안함을 주셨지만 권위 있는 환경을 조성하셨다. 요즈

음도 청중 앞에서 일어선 것보다 앉아서 가르치는 것이 더 잘 배울 수 있는 환경을 만든다. 이러한 환경을 가장 잘 조성할 수 있는 행동유형은 I/S 프로파일이다. 뿐만 아니라, 이 유형의 말과 어조는 격려와 친밀함을 전달한다. 예수님은 무리에게 말씀하시거나 가르치시거나 이야기를 나누실 때 대개 이 유형을 사용하셨다. 이것이 요한복음 8장 2절의 배경이었다. 하지만 그 환경은 금방 바뀌었다.

"서기관들과 바리새인들이 음행 중에 잡힌 여자를 끌고 와서 가운데 세우고 예수께 말하되 선생이여 이 여자가 간음하다가 현장에서 잡혔나이다 모세는 율법에 이러한 여자를 돌로 치라 명하였거니와 선생은 어떻게 말하겠나이까."

종교지도자들의 행동은 이 분위기를 대결 상황으로 완전히 바꾸어 놓았다. 예수님의 발 앞에 이 여자를 끌어다놓음으로 모든 사람의 관심을 이 여자에게 집중시키는 데 성공했다. 그들의 목적은 예수님을 승산 없는 상황에 빠뜨려 그분을 고소할 조건을 얻으려는 것이었다. 그들의 어조는 격렬했으며 교묘한 획책의 의도가 있었다. 그들은 예수님을 궁지에 빠트린 줄로 알고 계속해서 답을 요구했다. 만약 예수님이 돌을 던지지 말라고 하시면 모세의 율법을 부정하는 것이고, 예수님이 돌을 던지는 것에 동의하시면 로마법에 따라 살인죄가 청구되었을 것이다.

오늘날에도 흔히 일어나듯이 그 당시 종교지도자들은 성경을 조작하면서 자신들의 목적을 이루려 했다. 그들은 중요한 사실을 잊고 있었다.

1. 그 법률은 간음한 남자의 죄에 대해서도 분명히 말한다(레 20:10 참고).
2. 간음 사건(결혼한 여자와 간음)의 경우, 어떻게 죽이는지에 대해서는 모세의 율법에 나오지 않았다(돌을 던져서 죽이는 것은 피고인 측에 해당하는 것으로, 약혼한 처녀나 제사장의 딸이 관계되었을 경우다).
3. "이러한 여자"는 돌로 쳐야 한다고 모세의 율법을 인용했을 때 그들은 고의로 여성형의 단어를 사용해 이 여자를 고소하는 것을 정당화시키려 했다. 다시 한 번 말하지만, 모세의 율법에서는 양측 모두 죽여야 한다고 말한다. 그러나 이 사건에서 남자에 대한 기소는 없었다.

종교지도자들은 소위 공정성을 위한 시도라는 미명 아래 이 사건을 무례하게 밀어붙이며 조작하려 했다. 더구나 그 당시 유대인의 제도에서는 이러한 사건들을 위한 법정이 따로 있었으므로 예수님이 판단하실 일이 아니었다.

안타깝게도 바리새인들은 이 여자에 대해 별 관심이 없었다. 그녀는 그저 예수님이 그들의 덫에 빠지게 되면 버려지는 일회용 물건과 다를 것이 없었다. 만약 그녀가 죽더라도 그들은 관심이 없었을 것이다. 예수님은 다른 교훈을 염두에 두고 계셨다. 주님은 그녀를 귀한 사람으로 보시고, 그녀의 죄에까지 미치는 은혜를 받을 자격이 있다고 생각하셨다. 그러나 이 상황에서 중요한 질문은 이 격렬한 상황에서 다음에는 무엇을 할 것인가다.

종교지도자들은 예수님을 고소한 조건을 얻고자 그분을 시험했다. 그러나 예수님은 몸을 굽혀 손가락으로 땅에 쓰셨다.

주님의 반응을 두고 의견이 다양하다. 예수님은 몸을 굽혀 성전 바닥에 쌓인 먼지 위에 무언가를 쓰셨다. 여기에 쓰인 단어는 '그리다'는 뜻도 되고 '글씨를 쓰다'는 뜻도 된다. 그래서 우리는 예수님이 바닥에 무엇을 하셨는지 확실하게 알지 못한다. 예수님이 그리신 것과 관련하여 수많은 의견이 있다. 그러나 우리가 아는 것은 예수님의 이 행동이 여자를 고발한 자들을 충분히 화나게 했고, 그래서 그들은 계속해서 대답을 강요했다.

이 본문에 대한 통찰력을 갖는 또 하나의 방법은 예수님의 행동을 이해하는 것이다. 이 관점에서 보면 우리는 예수님의 전략을 알 수 있다. 우선 다른 무엇보다 이 환경은 감정이 고조된 분위기였다. 명확한 사고를 하기에 어려운 상황이다. 또한 예수님은 그들이 예수님을 고소하고 싶어 한다는 것을 알고 계셨다. 이 여자와 그녀가 받은 혐의는 그들에게 아무 의미도 없었다. 예수님의 방법은 정말 단순했다. 분위기를 통제하고, 감정을 가라앉히고, 이 여자에게서 자신에게로 사람들의 이목을 집중시키는 것이었다. 그렇게 해야만 비로소 고발하는 사람들의 질문에 응하실 수 있었다.

예수님의 행동은 정말 놀라웠다. 모든 사람이 대답을 기대했지만 주님은 고의적으로 그것을 무시하셨고, 바닥에 무언가를 쓰시면서 무관심함을 보이셨다. 그 결과, 모든 시선이 주님께 향했다. 이때 예수님의 행동은 높은 S형의 특성을 잘 나타내셨다. 물러설 수 없는 상황에서 침착하고 차분하며 질서 있게 행동하신 것이다.

그러나 신속한 대처를 요구하는 공격적인 사람들은 이러한 기질을 여간해서 좋아하지 않는다. 그들은 즉각적인 반응을 유도하기 위해 모든 에너지를 쏟으며 더욱더 격렬해진다. 이것이 바로 이 상황에서 벌어진 일이다. 만약 예수님이 모든 이목을 자신에게 집중시키고 싶으셨다면 분명히 성공하신 것이었다. 그러나 그것이 성취되자마자 바리새인들의 질문을 다루기 위해서는 다른 행동유형이 요구되었다.

그들이 예수님께 다그쳐 묻자 예수님은 일어나서서 그들에게 말씀하셨다. "너희 중에 죄 없는 자가 먼저 돌로 치라."

또다시 예수님이 어떻게 처신하셨는지 그 의미를 이해하기 위해서는 주님의 행동을 깊이 살펴보아야 한다. 예수님이 일어서심으로 권위 있는 자세를 잡으시고 그들에게 이의를 제기하시며 싸울 준비를 하셨다. 높은 D형이 흔히 취하는 행동이다. 주님은 상세한 행동 계획을 세우셔서 그들 모두의 양심에 정면으로 교훈의 공세를 퍼부으신 것이다.

1. 예수님은 모세의 율법을 과소평가하지 않으셨다.
2. 예수님은 형벌을 무효로 돌리지 않으셨다.

그러나 예수님은 조건 하나를 다셨다. 돌은 죄 없는 자가 던져야 한다. 그러나 그 자격이 있는 사람은 아무도 없었다. 예수님은 또 한 번 스타일을 바꾸셨다. 다시 몸을 굽히시고 땅에 무엇인가를 쓰셨다. 예수님의 말씀을 들은 사람들은 나이가 많은 사람부터 시작해 하나하나 떠나가기 시작했고, 마침내 예수님만 남게 되었다.

예수님의 최종 변론은 정말 달랐다. 예수님은 몸을 굽혀 아무 말씀 없이 땅에 쓰셨다. 예수님이 쓰신 문자와 그분이 지키신 침묵은 사람들의 사기를 꺾어놓았다. 이러한 행동은 높은 C형에게 흔히 나타나며, 격렬한 대립 상황이 있은 후 대단한 효과가 있다. 더는 아무 이야기가 없었는데, 이 여자를 고발한 사람들은 예수님이 이전에 하신 말씀과 땅에 쓰신 것만을 가지고 생각에 빠졌을 것이다.

만약 그들이 이 사건을 발전시키고 싶었으면 법정으로 가면 되었다. 그러나 그렇게 하면 그 남자도 데려가야 했다. 또한 만약 그들의 증언에 거짓이 있다면, 모세의 율법으로 그들이 고발하면서 원래 의도했던 것과 같은, 곧 돌로 쳐 죽이는 처벌을 받게 될 것이었다. 깊은 침묵 가운데 생각을 정리한 결과, 여자를 고발했던 모든 사람에게 갑자기 이보다 더 중요한 일을 처리해야 한다는 생각이 들었고, 그래서 서둘러 그 자리를 빠져나갔다.

또다시 상황이 바뀌었다. 고발하던 모든 사람이 사라지고 고발당했던 여자만 무대 중앙에 남았다. 그녀의 머릿속에 무슨 생각이 오갔는지는 상상만 할 수 있을 것이다. 몇 분 전까지만 해도 그녀는 죽는 줄 알았는데, 이제는 살 수 있겠다는 생각이 들었을 것이다.

사람들이 지켜보는 가운데 주님은 이 여자를 다시 주목하신다. 예

간음한 여인

수님의 어조가 또다시 바뀌었다. 그녀를 향한 예수님의 말씀은 혹독하지 않았고, 애정이 어려 있었으며, 존중하는 마음이 담겨 있었다.[1]

예수님이 상황을 정리하시며 말씀하셨다. "여자여 너를 고발하던 그들이 어디 있느냐 너를 정죄한 자가 없느냐?"

여자가 대답하였다. "주여 없나이다." 예수님이 말씀하셨다. "나도 너를 정죄하지 아니하노니 가서 다시는 죄를 범하지 말라."

예수님이 십자가에 못 박히셨을 때 어머니를 "여자여"라고 부르신 것처럼 예수님은 동일한 애정의 말로 그녀를 부르셨다. 예수님은 그녀를 용서하신다는 말씀을 하지 않으셨다. 예수님은 죄에서 돌이켜 삶을 변화시키라고 말씀하셨다. 레온 모리스(Leon Morries)는 "죄를 범한 그녀는 회개나 믿음에 대한 표현을 하지 않았다. 예수님은 자비를 베푸시며 그녀를 공의로운 삶으로 부르셨다."[2] 예수님만이 죄가 없는 분이시기 때문에 그 자리에서 여자의 행동을 심판할 수 있는 유일한 분이셨다. 그러나 예수님은 은혜를 베푸셨다.

결론

이 이야기에서 우리는 여러 상황에서 여러 필요를 충족하시기 위해 예수님이 네 가지 DISC 행동유형을 변화시켜 모두 사용하신 것을 보았다. 정말 놀라운 것은, 예수님이 '언제' '어디서' 행동유형을 전환하셨는가다. 사람들을 가르치실 때는 격려하는 사교형이셨다. 바리새인들이 위협하며 기소하러 왔을 때는 안정형으로서 차분함을 유지하셨다. 고발하는 사람들을 대면하셨을 때는 주도형으로 바뀌셨다가, 모의재판에서 신중형으로 태도를 바꾸셔서 그 상황을 종료하셨다.

주

1. W. E. Vine, *An Expeditionary Dictionary of New Testament Words,* Flemming H. Revell Company, Old Tappan, NJ, ⓒCopyright 1966, page 22.
2. Leon Morris, *The Gospel According to John,* William B. Eerdmans Publishing Co., Grand Rapids, MI ⓒCopyright 1971, page 891.

"이에 대야에 물을 떠서 제자들의 발을 씻으시고
그 두르신 수건으로 닦기를 시작하여."
―― 요한복음 13:5

에필로그

예수님의 리더십, 그 독특함과 특별함

성경 본문 _ 요한복음 13:1-17

섬기는 리더십은 주어진 필요를 채우기 위해 요구되는 모든 일을 해야 한다. 우리는 예수님이 이러한 리더십의 모델이시라고 생각한다. 마지막 만찬 자리에서 예수님이 제자들의 발을 씻기신 장면을 섬기는 리더십의 가장 좋은 예로 들 수 있다.

요한은 이 사건을 요한복음 13장에 기록했다. 4-5절에서 예수님이 제자들의 발을 씻기기 시작하셨다. 어떤 사회적인 모임이나 식사를 주최한 주인은, 하인들로 하여금 손님들이 도착하는 대로 그들의 발을 씻기게 하는 것이 관례였다. 이 특정한 유월절 모임에서 주님이 본질적으로 이 식사 자리의 주인이셨고, 제자들도 그 상황에 맞춰 준비했다. 그러나 그곳은 빌린 방이었으므로 이 행사의 공식적인 주인은 없었다.

제자들 중 한 그룹이 발을 씻어주는 임무를 맡거나 다른 누군가가 할 수 있도록 준비했어야 했다. 그러나 그 당시 통용되던 이 관습은 그들의 계획에 없었다. 그래서 제자들의 실수인지 아니면 주님이 사전에 계획하신 것인지는 모르겠지만, 주님은 이 상황을 이용하셔서 진실한 종의 자세를 보여주실 기회로 삼으신 것이다.

요한복음 13장 12-14절에서 예수님은 이렇게 분명히 말씀하신다. 예수님은 제자들의 발을 씻겨주신 뒤 옷을 입으시고 식탁에 다시 앉아 물으셨다. "내가 너희에게 행한 것을 너희가 아느냐?" "너희가 나를 선생이라 또는 주라 하니 너희 말이 옳도다 내가 그러하다 내가 주와 또는 선생이 되어 너희 발을 씻었으니 너희도 서로 발을 씻어 주는 것이 옳으니라."

주님이 "내가 너희에게 행한 것을 너희가 아느냐?"고 물으셨을 때 그것이 발을 씻겨준 행위만을 가리켜 말씀하신 것이 아님을 우리는 분명히 알 수 있다. 그들은 자신들이 실수한 것을 알았고, 예수님이 그렇게 하시지 말았어야 함도 알았다. '잔치의 주인'이 남의 발을 씻기는 행동을 절대 하지 않는다는 것을 아는 베드로는 예수님이 못하시게 반대했다. 예수님은 그들에게 사회적으로 평등하지 않은 경우라 할지라도 다른 사람의 필요를 섬기는 원칙을 이해하는지 물으셨다. 이 표현은 상징적인 것이 아니라 실제적인 것이었다. 그들이 삶의 모든 영역에서 다른 사람의 필요를 섬기는 것과 관련해 어떻게 해야 하는지를 설명하신 것이었다.

요한복음 13장 15, 17절에서 예수님은 자신의 행동에 대해 추가 설명을 해주셨고, 제자들이 이를 어떻게 적용해야 할지도 알려주셨다.

"내가 너희에게 행한 것 같이 너희도 행하게 하려 하여 본을 보였노라…너희가 이것을 알고 행하면 복이 있으리라."

예수님은 "내가 너희에게 행한 것 같이 너희도 행하게 하려 하여 본을 보였노라"고 말씀하시며 이 원칙에 대해 명확하게 말씀해주셨다. 발 씻는 행위 자체가 중요한 것이 아니었다. 그것은 단지 본보기일 뿐이었다. 예수님은 공동체에 '세족식'이라는 의식을 강요할 의도가 전혀 없으셨다. 필요가 있으면 제자들이 서로 발을 씻겨줄 수는 있겠지만, 정말 중요한 것은 어떤 필요가 있을 때 서로를 섬기고자 하는 의지가 있어야 한다는 것이다. 이 세대 대부분은 서로의 발을 씻겨줄 필요가 없었다. 그러나 주님은 동료 신자들의 삶에 드러나는 많은 필요를 우리가 채워주길 바라신다. 예수님이 '무엇을 하셨느냐'가 중요한 것이 아니라, 예수님이 '행하신 것같이'가 중요한 것이다. 주님이 말씀하고자 한 것은 그리스도의 몸인 우리가 서로에게 종이 되라는 것이다.

결론

유명한 장군과 정치 리더들의 이야기는 DISC 리더십 스타일의 독특함을 설명하는 데 유용하다. 당신이 각각의 스타일을 한층 더 잘 이해하고 인정하기를 바란다. 우리는 세계 역사에서 중요하고 긍정적 기여를 한 사람들을 영웅으로 여긴다. 그들을 기록으로 남기는 것은 그들이 이 세상에서 받아 마땅한 보상이다. 그러나 이 책은 그들을 더 높이려고 쓴 것이 아니라 그들의 리더십 스타일이 어떻게 다르고 독특했는지를 보여주기 위해서다.

섬기는 리더십의 진정한 모델은, 당연히, 우리 주 예수 그리스도시다. 그러나 나는 인간 수준에서는 수잔 매독스가 예수님의 섬기는 본을 따른 훌륭한 예라고 생각한다. 나는 당신이 예수님의 모델과 수잔의 예를 모방해보라고 제안하고 싶다. 주님도 동의하실 것이라고 믿는다.

"무엇보다도 뜨겁게 서로 사랑할지니 사랑은 허다한 죄를 덮느니라…각각 은사를 받은 대로 하나님의 여러 가지 은혜를 맡은 선한 청지기 같이 서로 봉사하라"(벧전 4:8, 10).

부록

부록 1

예수님의 DISC 행동유형 프로파일

● DISC 행동경향 지표

	높은 D형(주도형)	높은 I형(사교형)	높은 S형(안정형)	높은 C형(신중형)
	혼자 일하는 것을 더 좋아함	다른 사람과 함께 일하는 것을 더 좋아함	예측 가능한 구조를 더 좋아함	순서와 절차를 더 좋아함
30	지배적인	사교적인	참을성 있는	순응하는
29	적대적인	설득력 있는	충실한	완벽주의적인
28	자기중심적인	충동적인	꾸준한	정확한
27	요구가 많은	감정적인	협조적인	체계적인
26	대담한	즉흥적인	무관심한	외교적인
25	모험심이 강한	신뢰하는	협동심이 있는	철저한
24	결단력이 있는	지나치게 긍정적인	차분한	걱정이 많은
23	위험을 감수하는	열정적인	관대한	통제하는
22	기회를 잡는	활력 있는	친절한	성실한
21	호기심이 많은	영향력 있는	느긋한	분석적인
20	자기 확신이 강한	붙임성 있는	경청하는	규칙을 준수하는
19	성급한	긍정적인	감정적이지 않은	자기비판적인
18	경쟁심이 강한	너그러운	부지런한	민감한
17	자신감이 있는	만족하는	상냥한	자기비판적인
16	긍정적인	쾌활한	믿을 수 있는	지나치게 순종적인
15	주저하는	확신을 주는	능동적인	자기 확신이 강한
14	위험을 계산하는	조화를 중시하는	외향적인	자신을 믿는
13	자기비판적인	적응을 잘하는	쉴 틈 없는	의견을 제시하는
12	잘난 체하지 않는	사색적인	반응하는	확고한
11	겸손한	말을 잘 하지 않는	준비되고 의지적인	지속적인
10	요구하지 않는	사실을 중시하는	비판적인	독립적인
9	보수적인	의심이 많은	융통성이 있는	관습에서 자유로운
8	의지가 강한	감정을 조절하는	참을성이 부족한	의지가 강한
7	내향적인	냉담한	활발한	완고한
6	평화로운	통제력이 강한	쉬지 않는	완강한
5	겸손한	비관적인	격렬한	두려움이 없는
4	평화로운	내향적인	대립하는	자유로운
3	두려움이 있는	논리적인	즉흥적인	반항심이 있는
2	온순한	진실을 중시하는	매우 활발한	비꼬는
1	순종적인	무심한	공격적인 행동	반항하는
	팀원이 되기를 더 좋아함	혼자 있기를 더 좋아함	변화와 다양성을 더 좋아함	즉흥적인 접근 방식을 더 좋아함
	낮은 D형(주도형)	낮은 I형(사교형)	낮은 S형(안정형)	낮은 C형(신중형)

부록 243

예수님은 누구신가?

"그(예수님)는 근본 하나님의 본체시나 하나님과 동등됨을 취할 것으로 여기지 아니하시고 오히려 자기를 비워 종의 형체를 가지사 사람들과 같이 되셨고 사람의 모양으로 나타나사 자기를 낮추시고 죽기까지 복종하셨으니 곧 십자가에 죽으심이라 이러므로 하나님이 그를 지극히 높여 모든 이름 위에 뛰어난 이름을 주사 하늘에 있는 자들과 땅에 있는 자들과 땅 아래에 있는 자들로 모든 무릎을 예수의 이름에 꿇게 하시고 모든 입으로 예수 그리스도를 주라 시인하여 하나님 아버지께 영광을 돌리게 하셨느니라"(빌 2:6-11).

이상적인 리더십 스타일은 무엇인가?

DISC 연구 결과에 따르면 가장 효과적인 리더들은 자기 자신을 잘 알았고, 어떤 상황에서든지 그 상황을 정확히 파악하고 가장 적절하게 반응하기 위하여 자신의 행동을 바꿀 수 있는 능력을 가지고 있었다.

● 예수님의 DISC 행동 강도 지표

	높은 D형(주도형)	높은 I형(사교형)	높은 S형(안정형)	높은 C형(신중형)
	혼자 일하는 것을 더 좋아함	다른 사람과 함께 일하는 것을 더 좋아함	예측 가능한 구조를 더 좋아함	순서와 절차를 더 좋아함
30	지배적인	사교적인	참을성 있는	순응하는
29	누가복음 8:27-35	마태복음 14:13-21	마가복음 14:26-31	마태복음 26:39-44
28	마가복음 5:1-13	즉흥적인	누가복음 22:31-34	정확한
27	요구가 많은	설득력 있는	협조적인	누가복음 4:3-4
26	마태복음 23:1-33	요한복음 8:1-9	마태복음 26:39	누가복음 4:5-8
25	누가복음 4:41	신뢰하는	협동심이 있는	철저한
24	결단력이 있는	요한복음 17:1-26	요한복음 2:3-11	누가복음 9:14-17
23	누가복음 8:23-25	활력 있는	요한복음 21:3-6	통제하는
22	기회를 잡는	누가복음 11:37	친절한	마태복음 26:50-56
21	누가복음 11:37-53	누가복음 15:1-2	요한복음 21:9-13	마태복음 27:12-14
20	자기 확신이 강한	붙임성 있는	경청하는	마가복음 14:55-61
19	마가복음 12:28-32	누가복음 19:1-10	요한복음 21:15-17	요한복음 19:7-11
18	마가복음 11:27-33	너그러운	부지런한	민감한
17	자신감이 있는	마가복음 8:1-9	상냥한	요한복음 11:32-35
16	마태복음 22:23-33	마태복음 19:1-2	마태복음 19:13-15	마가복음 6:34
15	마태복음 12:13-16	확신을 주는	능동적인	누가복음 14:2-4
14	위험을 계산하는	요한복음 4:1-42	마태복음 15:29-30	자기 확신이 강한
13	마가복음 5:35-43	적응을 잘하는	마태복음 19:1-2	누가복음 15:1-10
12	잘난 체하지 않는	사색적인	누가복음 13:22	마태복음 16:1-4
11	요한복음 12:23-28	누가복음 9:43-44	마태복음 23:1-39	마태복음 12:1-8
10	요구하지 않는	사실을 중시하는	비판적인	독립적인
9	누가복음 18:31-34	누가복음 10:25-37	누가복음 11:38-44	관습에서 자유로운
8	의지가 강한	감정을 조절하는	참을성이 부족한	누가복음 19:45-48
7	요한복음 8:10-12	마가복음 15:3-5	누가복음 11:45-54	완고한
6	평화로운	통제력이 강한	마태복음 7:1-13	누가복음 4:42-43
5	겸손한	누가복음 22:41-42	격렬한	두려움이 없는
4	마태복음 26:36-39	내향적인	마가복음 11:15-18	마태복음 9:9-13
3	두려움이 있는	마태복음 14:22-23	대립하는	반항심이 있는
2	마태복음 26:47-56	마가복음 6:45	요한복음 2:14-17	마가복음 3:1-6
1	순종적인	무심한	공격적인 행동	반항하는
	팀원이 되기를 더 좋아함	혼자 있기를 더 좋아함	변화와 다양성을 더 좋아함	즉흥적인 접근 방식을 더 좋아함
	낮은 D형(주도형)	낮은 I형(사교형)	낮은 S형(안정형)	낮은 C형(신중형)

예수님의 D형 행동유형

| **높은 D형의 특성** | 철저한 지배(상황이나 사람에 대해 한계가 없는 완전한 권위를 행사하심)

"예수께서 육지에 내리시매 그 도시 사람으로서 귀신 들린 자 하나가 예수를 만나니 그 사람은 오래 옷을 입지 아니하며 집에 거하지도 아니하고 무덤 사이에 거하는 자라 예수를 보고 부르짖으며 그 앞에 엎드려 큰 소리로 불러 이르되 지극히 높으신 하나님의 아들 예수여 당신이 나와 무슨 상관이 있나이까 당신께 구하노니 나를 괴롭게 하지 마옵소서 하니 이는 예수께서 이미 더러운 귀신을 명하사 그 사람에게서 나오라 하셨음이라(귀신이 가끔 그 사람을 붙잡으므로 그를 쇠사슬과 고랑에 매어 지켰으되 그 맨 것을 끊고 귀신에게 몰려 광야로 나갔더라) 예수께서 네 이름이 무엇이냐 물으신즉 이르되 군대라 하니 이는 많은 귀신이 들렸음이라 무저갱으로 들어가라 하지 마시기를 간구하더니 마침 그 곳에 많은 돼지 떼가 산에서 먹고 있는지라 귀신들이 그 돼지에게로 들어가게 허락하심을 간구하니 이에 허락하시니 귀신들이 그 사람에게서 나와 돼지에게로 들어가니 그 떼가 비탈로 내리달아 호수에 들어가 몰사하거늘 치던 자들이 그 이루어진 일을 보고 도망하여 성내와 마을에 알리니 사람들이 그 이루어진 일을 보러 나와서 예수께 이르러 귀신 나간 사람이 옷을 입고 정신이 온전하여 예수의 발치에 앉아 있는 것을 보고 두려워하거늘"(눅 8:27-35).

- 사람에 대해서는 굉장한 힘을 발휘하던 귀신들이 예수님을 마주했을 때는 어떤 반응을 보였는가?
- 이 상황에서 0에서 10까지 예수님의 주도형 점수를 매겨본다면 당신은 몇 점을 주겠는가?

| **낮은 D형의 특성** | 완전한 순종(하나님의 계획을 완벽하게 이루시기 위하여 자신의 뜻과 계획과 소망을 포기하심)

"말씀하실 때에 열둘 중의 하나인 유다가 왔는데 대제사장들과 백성의 장로들에게서 파송된 큰 무리가 칼과 몽치를 가지고 그와 함께 하였더라 예수를 파는 자가 그들에게 군호를 짜 이르되 내가 입맞추는 자가 그이니 그를 잡으라 한지라 곧 예수께 나아와 랍비여 안녕하시옵니까 하고 입을 맞추니 예수께서 이르시되 친구여 네가 무엇을 하려고 왔는지 행하라 하신대 이에 그들이 나아와 예수께 손을 대어 잡는지라 예수와 함께 있던 자 중의 하나가 손을 펴 칼을 빼어 대제사장의 종을 쳐 그 귀를 떨어뜨리니 이에 예수께서 이르시되 네 칼을 도로 칼집에 꽂으라 칼을 가지는 자는 다 칼로 망하느니라 너는 내가 내 아버지께 구하여 지금 열두 군단 더 되는 천사를 보내시게 할 수 없는 줄로 아느냐 내가 만일 그렇게 하면 이런 일이 있으리라 한 성경이 어떻게 이루어지겠느냐 하시더라 그 때에 예수께서 무리에게 말씀하시되 너희가 강도를 잡는 것 같이

칼과 몽치를 가지고 나를 잡으러 나왔느냐 내가 날마다 성전에 앉아 가르쳤으되 너희가 나를 잡지 아니하였도다 그러나 이렇게 된 것은 다 선지자들의 글을 이루려 함이니라 하시더라 이제 제자들이 다 예수를 버리고 도망하니라"(마 26:47-56).

- 만약 예수님이 72,000명의 천사를 불러 예수님을 보호하게 했다면 그분을 잡으러 온 사람들에게는 어떤 일이 있었을까?
- 이 상황에서 당신은 예수님의 행동 억제 점수에 몇 점을 주겠는가?

예수님의 I형 행동유형

| 높은 I형의 특성 | 사교적인(대화와 격려를 통해 다른 사람들의 필요를 알아차리실 뿐 아니라 그들의 육체적, 감정적, 영적 필요를 채워주심)

"예수께서 들으시고 배를 타고 떠나사 따로 빈 들에 가시니 무리가 듣고 여러 고을로부터 걸어서 따라간지라 예수께서 나오사 큰 무리를 보시고 불쌍히 여기사 그 중에 있는 병자를 고쳐 주시니라 저녁이 되매 제자들이 나아와 이르되 이 곳은 빈 들이요 때도 이미 저물었으니 무리를 보내어 마을에 들어가 먹을 것을 사 먹게 하소서 예수께서 이르시되 갈 것 없다 너희가 먹을 것을 주라 제자들이 이

르되 여기 우리에게 있는 것은 떡 다섯 개와 물고기 두 마리뿐이니이다 이르시되 그것을 내게 가져오라 하시고 무리를 명하여 잔디 위에 앉히시고 떡 다섯 개와 물고기 두 마리를 가지사 하늘을 우러러 축사하시고 떡을 떼어 제자들에게 주시매 제자들이 무리에게 주니 다 배불리 먹고 남은 조각을 열두 바구니에 차게 거두었으며 먹은 사람은 여자와 어린이 외에 오천 명이나 되었더라"(마 14:13-21).

■ 이 상황에서 다른 사람들의 필요를 채우시는 예수님의 행동에 당신은 몇 점을 주겠는가?

| 낮은 I형의 특성 | 철저한 고립(더 어려운 일들을 앞두시고 힘을 비축하고 생각을 정리하기 위해 혼자만의 시간을 가지심)

"그 사람들이 예수께서 행하신 이 표적을 보고 말하되 이는 참으로 세상에 오실 그 선지자라 하더라 그러므로 예수께서 그들이 와서 자기를 억지로 붙들어 임금으로 삼으려는 줄 아시고 다시 혼자 산으로 떠나 가시니라"(요 6:14-15).

"예수께서 즉시 제자들을 재촉하사 자기가 무리를 보내는 동안에 배 타고 앞서 건너편 벳새다로 가게 하시고"(막 6:45).

- 이 장면에서 예수님의 대한 사람들의 긍정적인 반응에 대처하는 일반적인 방법은 그들을 막는 것이다. 사회적인 압력을 받아들이고 포용하는 높은 I형의 사람에게는 그것이 어려운 결정이었을 것이다. 당신은 사람들이 통제가 불가능해지기 전에 상황을 마무리 지으신 예수님의 행동을 어떻게 생각하는가?

예수님의 S형 행동유형

| 높은 S형의 특성 | 무한한 인내심(가르침을 이해하지 못하는 사람들에게 조건 없는 사랑을 보여주심)

"예수께서 제자들에게 이르시되 너희가 다 나를 버리리라 이는 기록된 바 내가 목자를 치리니 양들이 흩어지리라 하였음이니라 그러나 내가 살아난 후에 너희보다 먼저 갈릴리로 가리라 베드로가 여짜오되 다 버릴지라도 나는 그리하지 않겠나이다"(막 14:27-29).

"시몬아, 시몬아, 보라 사탄이 너희를 밀 까부르듯 하려고 요구하였으나 그러나 내가 너를 위하여 네 믿음이 떨어지지 않기를 기도하였노니 너는 돌이킨 후에 네 형제를 굳게 하라 그가 말하되 주여 내가 주와 함께 옥에도, 죽는 데에도 가기를 각오하였나이다 이르시되 베드로야 내가 네게 말하노니 오늘 닭 울기 전에 네가 세 번 나를 모른다고 부인하리라 하시니라"(눅 22:31-34).

- 베드로는 예수님께 헌신을 약속할 때 얼마나 확신에 차 있었는가?
- 당신은 예수님의 참을성을 어떻게 평가하겠는가?
- 베드로가 자신의 뜻을 굽히지 않자 예수님은 뭐라고 말씀하셨는가?

| 낮은 S형의 특성 | 격렬한 대립(도덕과 종교적 규율에 맞지 않는 정책에 대해 공격적인 행동을 취하심)

"그들이 예루살렘에 들어가니라 예수께서 성전에 들어가사 성전 안에서 매매하는 자들을 내쫓으시며 돈 바꾸는 자들의 상과 비둘기 파는 자들의 의자를 둘러 엎으시며 아무나 물건을 가지고 성전 안으로 지나다님을 허락하지 아니하시고 이에 가르쳐 이르시되 기록된 바 내 집은 만민이 기도하는 집이라 칭함을 받으리라고 하지 아니하였느냐 너희는 강도의 소굴을 만들었도다 하시매 대제사장들과 서기관들이 듣고 예수를 어떻게 죽일까 하고 꾀하니 이는 무리가 다 그의 교훈을 놀랍게 여기므로 그를 두려워함일러라"(막 11:15-18).

- 돈 바꾸는 사람들에 대해 예수님은 어디까지 인내하셨는가?
- 예수님이 지키려 하셨던 것은 무엇이었는가?
- 예수님의 행동은 정당했는가? 그로 인한 결과는 무엇이었는가?

예수님의 C형 행동유형

| **높은 C형의 특성** | 계획에 대한 희생적인 순종(다른 사람의 유익을 위해 자신의 궁극적인 권리를 포기하심)

"모세가 여호와께로 다시 나아가 여짜오되 슬프도소이다 이 백성이 자기들을 위하여 금 신을 만들었사오니 큰 죄를 범하였나이다 그러나 이제 그들의 죄를 사하시옵소서 그렇지 아니하시오면 원하건대 주께서 기록하신 책에서 내 이름을 지워 버려 주옵소서"(출 32:31-32).

"조금 나아가사 얼굴을 땅에 대시고 엎드려 기도하여 이르시되 내 아버지여 만일 할 만하시거든 이 잔을 내게서 지나가게 하옵소서 그러나 나의 원대로 마시옵고 아버지의 원대로 하옵소서 하시고 제자들에게 오사 그 자는 것을 보시고 베드로에게 말씀하시되 너희가 나와 함께 한 시간도 이렇게 깨어 있을 수 없더냐 시험에 들지 않게 깨어 기도하라 마음에는 원이로되 육신이 약하도다 하시고 다시 두 번째 나아가 기도하여 이르시되 내 아버지여 만일 내가 마시지 않고는 이 잔이 내게서 지나갈 수 없거든 아버지의 원대로 되기를 원하나이다 하시고 다시 오사 보신즉 그들이 자니 이는 그들의 눈이 피곤함일러라 또 그들을 두시고 나아가 세 번째 같은 말씀으로 기도하신 후"(마 26:39-4).

- 다른 사람들의 죄를 위하여 자신의 삶을 대신 내놓았던 첫 번째 사람은 누구였는가? 하나님은 어떻게 응답하셨는가?
- 두 번째 사람은 누구였는가? 그 상황에서 하나님은 어떻게 응답하셨는가? 그 응답이 우리에게 미친 결과는 무엇인가?

| 낮은 C형의 특성 | 반항적인(개인이나 문화의 건전함에 악영향을 끼칠 수 있는 잘못된 정책에 대해 공개적인 행동을 취하심)

"예수께서 다시 회당에 들어가시니 한쪽 손 마른 사람이 거기 있는지라 사람들이 예수를 고발하려 하여 안식일에 그 사람을 고치시는가 주시하고 있거늘 예수께서 손 마른 사람에게 이르시되 한 가운데에 일어서라 하시고 그들에게 이르시되 안식일에 선을 행하는 것과 악을 행하는 것, 생명을 구하는 것과 죽이는 것, 어느 것이 옳으냐 하시니 그들이 잠잠하거늘 그들의 마음이 완악함을 탄식하사 노하심으로 그들을 둘러보시고 그 사람에게 이르시되 네 손을 내밀라 하시니 내밀매 그 손이 회복되었더라 바리새인들이 나가서 곧 헤롯당과 함께 어떻게 하여 예수를 죽일까 의논하니라"(막 3:1-6).

- 예수님은 종교 권위자들에게 어디에서, 무엇에 대해, 어떤 방법으로 맞서셨는가?
- 당신은 예수님의 감정적인 격렬함을 어떻게 평가하겠는가?
- 예수님의 행동은 어떤 결과를 불러왔으며, 예수님은 그 결과를 받아들이기 원하셨는가?

높은 D형을 다루는 세 가지 방법

높은 D형에게 반응하는 법
- 직접적이고 단호하게 반응하라.
- 행동과 목표에 집중하라.
- 그의 주목을 끌기 위해서는 대립을 잘 다룰 수 있어야 한다.

높은 D형과 일하는 법
- 단도직입적으로 말하라.
- 논리적으로 어떤 계획을 가지고 목표를 이룰 것인지에 대해 말하라.
- 당신의 아이디어에 대해 검토할 시간을 주라.

높은 D형의 행동을 강화하는 법
- 목표와 결과에 집중한 계획을 반복적으로 말해주라.
- 핵심 사항에 대해 지시하라.
- 그의 앞길을 막지 마라.

사울에게 응답하시는 예수님

사울은 여전히 주님의 제자들을 죽이겠다는 생각으로 그들을 위협하고 있었습니다. 그는 대제사장에게 가서 다마스커스의 여러 회당에 보내는 편지를 써 달라고 했습니다. 남자든 여자든 그 도를 따르는 사람이 있으면, 닥치는 대로 붙잡아서 예루살렘으로 끌고 오려는 것이 그의 생각이었습니다. 사울이 길을 떠나 다마스커스 가까이에 이르렀을 때였습니다. 갑자기 하늘로부터 밝은 빛이 사울을 둘러 비췄습니다. 사울은 땅에 엎드렸습니다. 그 때, "사울아, 사울아, 네가 왜 나를 박해하느냐?" 하는 소리가 뚜렷이 들렸습니다. 사울은 "주님은 누구십니까?"라고 물었습니다. "나는 네가 박해하는 예수다. 일어나 성으로 들어가거라. 네가 해야 할 일을 일러줄 사람이 있을 것이다"라는 목소리가 들렸습니다. 사울과 함께 길을 가던 사람들은 무슨 소리가 나는 것 같은데, 아무것도 보이지 않으므로 깜짝 놀라 말도 못하고 가만히 서 있었습니다. 사울은 땅에서 일어나 눈을 떴으나 아무것도 볼 수 없었습니다. 그래서 사울과 함께 있던 사람들이 그의 손을 잡고 다마스커스로 데려갔습니다. 사울은 삼 일 동안, 앞을 보지 못했으며, 먹지도 마시지도 않았습니다. 다마스커스에 아나니아라는 어떤 제자가 살고 있었습니다. 주님께서 환상 중에 "아나니아야!" 하고 부르셨습니다. 아나니아는 "주님, 제가 여기 있습니다"라고 대답했습니다. 주님께서 아나니아에게 말씀하셨습니다. "일어나 '곧은 길'이라고 하는 거리로 가거라. 그리고 유다의 집에서 사울이라는 다소 사람을 찾아라. 그가 지금 거기서 기도하고 있다. 그가 환상 속에서 아나니아라는 사람이 찾아와 자신에게 손을 얹어 그의 시력을 회복시켜 주는 것을 보았다." 아나니아가 대답했습니다. "주님, 제가 많은 사람들에게서 그 사람에 관한 소문을 들었는데, 그가 예루살렘에 있는 주님의 성도들에게 많은 해를 입혔다고 합니다. 그리고 그 사람은 대제사장들에게서 주님의 이름을 믿는 모든 사람들을 잡아갈 수 있는 권한을 받아 가지고 이 곳에 왔다고 합니다." 그러나 주님께서 아나니아에게 말씀하셨습니다. "가거라. 그는 이방 사람들과 여러 왕들과 이스라엘 백성 앞에서 나의 이름을 전하도록 선택된 나의 도구이다. 그가 내 이름을 위해 얼마나 많은 고난을 당해야 할지를 내가 그에게 보여 주겠다." 아나니아는 그 곳을 떠나 사울이 있는 집으로 가서 사울에게 손을 얹고 말했습니다. "사울 형제여, 그대가 이리로 오는 길에 나타나셨던 주 예수님께서 나를 보내셨습니다. 예수님께서 나를 보내신 것은 그대의 시력을 다시 회복하고, 성령으로 충만하게 하려는 것입니다." 그러자 곧 사울의 눈에서 비늘 같은 것이 떨어져 나가고, 사울은 다시 보게 되었습니다. 사울은 일어나 세례를 받았습니다. 그는 음식을 먹고 기운을 되찾았습니다. 사울은 며칠 동안 다마스커스에 있는 제자들과 함께 지냈습니다. 그는 곧바로 회당에서 "예수님은 하나님의 아들이다"라고 선포하기 시작했습니다(행 9:1-20, 쉬운성경).

- 높은 D형 사람들과 사울에게 보이신 예수님의 반응에 대해 성경적인 해석을 더 자세히 검토하라.
- 그런 다음 예수님이 바울로 불리게 된 사울에게 하신 말씀을 동그라미로 표시하며 자세히 살펴보라.

높은 I형을 다루는 세 가지 방법

높은 I형에게 반응하는 법
- 친밀하고 긍정적으로 반응하라.
- 격식 없는 대화를 자주 나누라.
- 재미있고 자극적인 활동을 자주 하라.

높은 I형과 일하는 법
- 친밀한 목소리 톤으로 대화하라.
- 그들의 감정을 표출할 수 있는 기회를 자주 주라.
- 당신의 행동 계획에 대해 이야기하라.

높은 I형의 행동을 강화하는 법
- 긍정적인 격려를 해주고 과제 성취에 대한 인센티브를 부여하라.
- 당신이 행동 계획을 수립하라.
- 긍정적인 인식을 심어주라.

베드로에게 응답하시는 예수님

이 일이 일어난 후, 예수님께서 디베랴 호수에서 제자들에게 다시 자신을 나타내셨습니다. 시몬 베드로, 디두모라는 별명을 가진 도마, 갈릴리 가나 사람 나다나엘, 세베대의 두 아들 그리고 다른 두 제자가 함께 있었습니다. 시몬 베드로가 다른 제자들에게 "나는 물고기 잡으러 간다"라고 말했습니다. 다른 제자들이 "우리도 너와 함께 가겠다"라고 말했습니다. 그래서 그들은 밖으로 나가서 배에 올라탔습니다. 그러나 그 날 밤에는 한 마리도 잡지 못했습니다. 다음 날 아침 일찍, 예수님께서 호숫가에 서 계셨습니다. 그러나 제자들은 그분이 예수님이신 줄 알지 못하였습니다. 예수님께서 그들에게 말씀하셨습니다. "친구들이여, 한 마리도 못 잡았느냐?" 제자들이 대답했습니다. "네, 한 마리도 잡지 못했습니다." 예수님께서 말씀하셨습니다. "그물을 배 오른편에 던져라. 그러면 고기를 잡을 것이다." 그들은 시키는 대로 했습니다. 그러자 고기가 너무 많아, 그물을 배 안으로 끌어 올릴 수가 없었습니다. 예수님께서 사랑하시던 제자가 베드로에게 말했습니다. "주님이시다!" 베드로는 주님이시라는 말을 듣자마자, 벗고 있던 겉옷을 몸에 두르고는 물로 뛰어들었습니다. 다른 제자들은 고기가 가득한 그물을 당기며 배를 저어 호숫가에 댔습니다. 그들은 호숫가로부터 약 90미터 정도 떨어진 그리 멀지 않은 곳에 있었기 때문입니다. 제자들이 호숫가에 닿아 땅에 내리니 숯불이 피워져 있는 것이 보였습니다. 불 위에는 생선이 놓여 있었고, 빵도 있었습니다. 그 때, 예수님께서 "너희가 방금 전에 잡은 생선을 가지고 오너라" 하고 말씀하셨습니다. 시몬 베드로가 배에 올라가 그물을 호숫가로 끌어당겼습니다. 그물은 큰 물고기로 가득했습니다. 백쉰세 마리나 되었습니다. 고기가 그렇게 많았는데도 그물은 찢어지지 않았습니다. 예수님께서 그들에게 "와서 아침 식사를 하여라" 하고 말씀하셨지만, 제자들은 그분이 주님이신 줄 알았기 때문에 제자들 중에 감히 "당신은 누구십니까?"라고 묻는 사람이 없었습니다. 예수님께서는 가셔서 빵을 가져다가 제자들에게 주셨고, 생선도 주셨습니다. 이것은 예수님께서 죽은 자 가운데서 살아나신 후, 그의 제자들에게 세 번째 나타나신 것이었습니다. 그들이 식사를 다 마쳤을 때, 예수님께서 시몬 베드로에게 말씀하셨습니다. "요한의 아들 시몬아, 네가 이 모든 사람들보다 나를 더 사랑하느냐?" 베드로가 대답했습니다. "예, 주님. 제가 주님을 사랑한다는 것을 주님께서 아십니다." 예수님께서 말씀하셨습니다. "내 양을 먹여라." 다시 예수님께서 베드로에게 말씀하셨습니다. "요한의 아들 시몬아, 네가 나를 사랑하느냐?" 베드로가 대답했습니다. "예, 주님. 제가 주님을 사랑하는 줄을 주님께서 아십니다." 예수님께서 말씀하셨습니다. "내 양을 돌보아라." 세 번째로 예수님께서 베드로에게 말씀하셨습니다. "요한의 아들 시몬아, 네가 나를 사랑하느냐?" 예수님께서 자기에게 세 번씩이나 "네가 나를 사랑하느냐?"고 물으셨기 때문에 베드로는 거의 울상이 되었습니다. 그리고는 예수님께 대답했습니다. "주님, 주님께서는 모든 것을 아십니다. 제가 주님을 사랑하는 것도 주님께서는 알고 계십니다." 예수님께서 베드로에게 말씀하셨습니다. "내 양을 먹여라. 내가 너에게 진리를 말한다. 네가 젊었을 때는 네 혼자 힘으로 옷도 입고 네가 원하는 곳으로 갔지만, 나이가 들게 되면 네가 팔을

벌리겠고 다른 사람이 네게 옷을 입힐 것이며, 다른 사람이 네가 원하지 않는 곳으로 너를 데려갈 것이다." 예수님께서 이렇게 말씀하신 것은 베드로가 어떤 죽음으로 하나님께 영광을 돌리게 될지를 보여 주시려는 것이었습니다. 이 말씀을 하시고, 예수님께서는 베드로에게 "나를 따르라!"고 말씀하셨습니다(요 21:1-19, 쉬운성경).

- 높은 I형 사람들과 베드로에게 보이신 예수님의 반응에 대해 성경적인 해석을 더 자세히 검토하라.
- 예수님이 베드로와 높은 I형 사람들에게 하신 말씀을 동그라미로 표시하며 자세히 살펴보라.
- 예수님이 바울과 베드로에게 하신 응답은 각각 어떻게 달랐는가?

높은 S형을 다루는 세 가지 방법

높은 S형에게 반응하는 법

- 참을성을 가지고 살갑게 대하라.
- 변화에 적응할 수 있는 시간을 허락하라.
- 가족을 위한 시간을 충분히 주라.

높은 S형과 일하는 법

- 지시할 때는 부드러운 어조로 하라.

- 그들을 받아들여주고 확신을 심어주라.
- 정보를 처리할 수 있는 시간을 주라.

높은 S형의 행동을 강화하는 법
- 무슨 지시든지 반복해서 알려주라.
- 무슨 지시를 하든 직접 만나서 하라.
- 그들이 자기 일에 주인의식을 가질 때까지 기다려주라.

아브라함에게 응답하시는 하나님

여호와께서 아브람에게 말씀하셨습니다. "네 나라와 네 친척과 네 아비의 집을 떠나 내가 너에게 보여 줄 땅으로 가거라. 내가 너를 큰 나라로 만들어 주고, 너에게 복을 주어, 너의 이름을 빛나게 할 것이다. 너는 다른 사람들에게 복이 될 것이다. 아브람은 여호와께서 말씀하신 대로 하란을 떠났습니다. 롯도 아브람과 함께 떠났습니다. 아브람은 아내 사래와 조카 롯과 그들이 모은 모든 재산을 가지고 갔습니다. 그들은 또 하란에서 얻은 종들도 모두 데리고 갔습니다. 가나안 땅으로 가기 위해 하란을 떠난 그들은 마침내 가나안 땅에 들어갔습니다. 여호와께서 아브람에게 말씀하셨습니다. "네 주변을 둘러보아라. 네가 서 있는 곳에서 동서남북을 다 둘러보아라. 네 눈에 보이는 이 모든 땅을 내가 영원히 너와 네 자손에게 줄 것이다."

그리고 아브람은 그 땅에 거주했습니다(창세기 12-20장 개요).

- 높은 S형 사람들과 아브라함에게 보이신 하나님의 반응에 대해 성경적인 해석을 더 자세히 검토하라.
- 하나님이 아브라함과 높은 S형 사람들에게 하신 말씀을 동그라미로 표시하며 자세히 살펴보라.

높은 C형을 다루는 세 가지 방법

높은 C형에게 반응하는 법

- 구체적이고 정확한 정보를 제공하라.
- 첫 번째 반응에 대해 조심스럽거나 반대하는 의견을 낼 수 있는 여지를 주라.
- 질문할 수 있는 자유를 주라.

높은 C형과 일하는 법

- 대답할 때는 참을성 있고 일관되게 반응하라.
- 정확한 정보로 확신을 심어주라.
- 정보를 확인할 수 있는 시간을 주라.

높은 C형의 행동을 강화하는 법

- 단계적인 지시사항을 알려주라.
- 그를 지지한다는 안정감을 주라.
- 제삼자에게 정보를 확인할 수 있도록 허락해주라.

모세에게 응답하시는 하나님

그 곳에서 여호와의 사자가 떨기나무의 불꽃 속에서 모세에게 나타났습니다. 그 나무는 불붙고 있었지만, 타서 없어지지는 않았습니다. 여호와께서 모세가 그 나무를 살펴보려고 올라오는 모습을 보셨습니다. 그래서 하나님께서는 나무 사이에서 "모세야, 모세야!" 하며 그를 부르셨습니다. 모세는 "제가 여기에 있습니다" 하고 대답했습니다. 하나님께서 말씀하셨습니다. "더 가까이 오지 마라. 네 신발을 벗어라. 너는 지금 거룩한 땅 위에 서 있느니라. 나는 네 조상의 하나님이다. 나는 아브라함의 하나님, 이삭의 하나님, 야곱의 하나님이다." 모세는 하나님을 바라보는 것이 두려워서 얼굴을 가렸습니다. 여호와께서 말씀하셨습니다. "나는 내 백성이 이집트에서 고통당하고 있는 것을 보았고, 또 이집트의 노예 감독들이 내 백성을 때릴 때에 그들이 울부짖는 소리를 들었다. 나는 그들이 얼마나 괴로워하는지를 알고 있다. 그래서 나는 지금 너를 파라오에게 보내려 하니, 가거라! 가서 내 백성 이스라엘 사람들을 이집트에서 인도해 내어라!" 그러자 모세가 하나님께 말했습니다. "제가 누구인데 그런 일을 합니까? 어찌하여 제가 파라오에게 가서 이스라엘 백성을 인도해 내야 합니까?" 하나님께서 말씀하셨습니다. "내가 너와 함께 있겠다. 네가 이집트에서 이스라엘 백성을 인도해 낸 후, 너희가 이 산에서 하나님을 예배하게 될 것인데, 이것이 너를 보내는 증거다. 모세가 대답했습니다. "만약 이스라엘 백성이 내 말을 믿지 않거나 따르지 않으면 어떻게 합니까? 만약 그들이 '여호와께서는 너에게 나타나지 않으셨다'라고 하면 어떻게 합니까?" 여호와께서 모세에게 말씀하셨습니다. "네 손에 있는 것이 무엇이냐?" 모세가 대답했습니다. "제 지팡이입니다." 여호와께서 말씀하셨습니다. "그것을 땅에 던져라." 모세가 지팡이를 땅에 던지자 지팡이가 뱀이 되었습니다. 모세는 뱀을 피해 달아났습니다. 여호와께서 모세에게 말씀하셨습니다. "손을 펴서 뱀의 꼬리를 붙잡아라." 모세는 손을 펴서 뱀의 꼬리를 붙잡았습니다. 그러자 뱀이 모세의 손에서 다시 지팡이가 되었습니다. 주님께서 말씀하셨습니다. "이런 일이 일어나면, 이스라엘 백성은 그들의 조상의 하나님 곧 아브라함의 하나님, 이삭의 하나님, 야곱의 하나님이신 여호와께서 너에게 나타났다는 것을 믿을 것이다." 여호와께서 또 모세에게 말씀하셨습니다. "네 손을 옷 안에 넣어 보아라." 그래서 모세는 손을 옷 안에 넣었습니다. 모세가 다시 손을 빼어 보니 손에 문둥병이 생겨서 눈처럼 하얗게 되었습니다. 주님께서 말씀하셨습니다. "이제 손을 옷 안에 다시 넣어 보아라." 그래서 모세가 다시 손을 옷 안에 넣었다가 빼어 보니, 손이 그전처럼 깨끗해졌습니다. 몸의 다른 살과 똑같아진 것입니다. 여호와께서 말씀하셨습니다. "백성들이 너를 믿지 않고, 또 첫 번째 기적을 못 믿을지라도 이 두 번째 기적은 믿을 것이다. 만약 백성이 이 두 가지 기적을 다 믿지 못하거든, 나일 강에서 물을 퍼다가 땅에 부어 보아라. 그러면 그 물이 땅 위에서 피로 변할 것이다." 그러나 모세가 여호와께 말했습니다. "하지만 주님, 저는 말을 잘 할 줄 모릅니다. 전에도 그랬지만, 주님께서 저에게 말씀하시는 지금도 저는 말을 잘 할 줄 모릅니다. 저는 말을 느리게 할 뿐만 아니라 훌륭하게 말하는 법도 모릅니다." 여호와께서 모세에게 말씀하셨습니다. "누가 사람의 입을 만들었느냐? 누가 말 못하는 자를 만들고, 듣지 못하는 자를 만드느냐? 누가 앞을 보는 자나 앞을 보지 못하는 자를 만드느냐? 나 여호와가 아니냐? 그러니 가거라! 내가 네 입과 함께하겠다. 네가 할 말을 내가 가르쳐 줄 것이다." 그러나 모세가 말했습니다. "주여, 제발 보낼 만한 능력 있는 사람을 보내십시오." 여호와께서 모세에게 화를 내면서 말씀하셨습니다. "레위 집안 사람인 네 형 아론은 말을 아주 잘 하지 않느냐? 아론이 너를 만나기 위해 오고 있는 중인데, 아론은 너를 만나면 기뻐할 것이다. 네가 할 말을 내가 가르쳐 줄 테니, 그것을 아론에게 말해 주어라. 너희 두 사람이 무슨 말을 하고, 무슨 일을 해야 할지를 내가 가르쳐 줄 것이다. 아론이 너를 대신해서 백성에게 말을 할 것이니, 너는 하나님께서 말씀하시는 것을 아론에게 전하여라. 그러면 아론이 너를 대신해서 그 말을 할 것이다" (출애굽기 3-4장 개요).

- 높은 C형 사람들과 모세에게 보이신 하나님의 반응에 대해 성경적인 해석을 더 자세히 검토하라.
- 하나님이 모세와 높은 C형 사람들에게 하신 말씀을 동그라미로 표시하며 자세히 살펴보라. 모세와 아브라함을 대하시는 하나님의 전략은 어떻게 달랐는가?

성경적인 관계 사례 연구

⟨ **D형** ⟩　사도행전 9장 1-20절에서 바울에게 보이신 예수님의 반응에 대해 성경적인 해석을 읽고 검토하라. 그다음 높은 D형 사람들에게 대응하기 위한 전략을 검토해보라. D형에 대한 대응 전략과 예수님의 행동 사이의 유사성을 최소 3가지 찾아보라.

1. _____
2. _____
3. _____

⟨ **I형** ⟩　요한복음 21장 1-19절에서 베드로에게 보이신 예수님의 반응에 대해 성경적인 해석을 읽고 검토하라. 그리고 높은 I형 사람들에게 대응하기 위한 전략을 검토해보라. I형에 대한 대응 전략과 예수님의 행동 사이의 유사성을 최소 3가지 찾아보라. 바울을 대하시는 예수님의 행동과 다른 점이 있는가?

1. _____
2. _____
3. _____

〈 **S형** 〉 사도행전 7장 2-5절, 여호수아 24장 2-3절, 창세기 11장 31-32절, 창세기 12장 1-7절, 창세기 13장 1-8절에서 아브라함에게 보여주신 하나님의 반응에 대해 성경적인 해석을 읽고 검토해보라. 그리고 높은 S형 사람들에게 대응하기 위한 전략을 검토해보라. S형에 대한 대응 전략과 하나님의 행동 사이의 유사성을 최소 3가지 찾아보라.

1. _____
2. _____
3. _____

〈 **C형** 〉 출애굽기 3장 1절-4장 31절에서 모세에게 보이신 하나님의 반응에 대해 성경적인 해석을 읽고 검토해보라. 그리고 높은 C형 사람들에게 대응하기 위한 전략을 검토해보라. C형에 대한 대응 전략과 하나님의 행동 사이의 유사성을 최소 3가지 찾아보라. 아브라함을 대하시는 하나님의 행동과 다른 점이 있는가?

1. _____
2. _____
3. _____

> ■ 하나님과 예수님이 인간 행동과 우리를 사랑하시는 방식의 차이를 이해하신 것과 관련해 당신이 관찰을 통해 깨달은 것은 무엇인가? 하나님과 예수님은 당신이 생각했던 것보다 우리를 더 잘 이해하고 계시다는 생각이 드는가?

부록 2

성경인물 DISC 행동유형 프로파일

D형(주도형) 성경인물 분석

성경인물	그래프	성경 구절	행동 특징	해석
D 개발자형 (Developer) 솔로몬, 루디아*, 라합*, 십보라* (*유형 추측: 정보가 부족함)	D I S C	사도행전 16:13-15, 40, 전도서 2:1-11, 열왕기상 9:10-28, 출애굽기 4:25	• 문제 해결 시 독자적, 혁신적 방법으로 접근 • 새로운 도전으로 동기부여 받음 • 반복되는 일에 실증을 내고 통제력 상실을 두려워함 • 개인 성향이 강하고 강한 영향력을 행사함 • 타인 배려, 인내심, 협력하는 마음을 키우는 것이 필요함	• 솔로몬에게 지혜로운 판단력을 주시고 초기 이스라엘 왕권을 강화하심, 성전 건축을 맡기심 • 자기주장이 강한 솔로몬이 나중에는 많은 이방 여인과 계약 결혼하여 하나님의 진노를 받아 자신의 몰락과 이스라엘 남북분단의 원인을 제공함
DI 결과지향형 (Result-Oriented) 여호수아, 사라	D I S C	여호수아 1장, 창세기 16장, 베드로전서 3:6	• 상황을 주도하고, 빠르게 결과를 성취함 • 자신감과 자기주장이 강함 • 승부 근성이 강하고 갈등 시 상대를 비판하고 흠을 잡음 • 자신이 약하게 보이거나 남에게 이용당하는 것을 싫어함 • 문제 해결 시 인내심을 가지고 겸손해지기, 타인의 의견을 경청하는 것이 필요함	• 여호수아는 가나안 정복을 믿음 • 오만하기 쉬운 여호수아는 모세 밑에서 인내심을 훈련받고 가나안 정복을 위한 균형감 있는 지도자가 됨 • 사라는 아브라함보다 강한 성격이나 유순한 아브라함을 만나 애정 어린 순종과 겸손을 배움
DI/ ID 직감형 (Inspirational) 아볼로, 스데반, 라반	D I S C	사도행전 18:24- 28, 창세기 29:15 -30, 사도행전 6:7	• 타인의 동기를 직감적으로 판단하고 강한 개성과 설득력 있는 말솜씨를 발휘함 • 목표 달성을 위해 강경책과 유화책을 동시에 사용함 • 상황을 조정하기 위해 아이디어를 내지만 불리하면 공격적이 됨 • 상황 통제력이나 지위의 상실을 두려워함 • 다른 사람을 진심으로 배려하고 도움을 주는 것이 필요함	• 스데반은 산헤드린 공회 앞에서 대범하게 복음을 증언하고 논쟁을 벌임 • 라반은 레아와 라헬을 이용하여 20년간 야곱이 자신을 위해 일하도록 설득하고 유화 정책으로 약속을 바꿈 • 아볼로는 언변이 좋고 성경에 능통하여 회당에서 담대히 전함
DC/CD 창조형 (Creative) 사도 바울, 라헬* 미갈*	D I S C	갈라디아서 2장, 사도행전 15장, 사무엘하 6:1, 4-23	• 공격적이고 독자적으로 과제 성취를 주도함 • 비판적이고 통명스러움 • 변화를 계획적으로 주도함 • 새로운 도전을 즐기고 진취적임 • 자신의 영향력 약화를 두려워함 • 타인을 배려하고 조직의 규칙을 따르는 것이 필요함	• 바울은 개종 전에는 공격적이었으나 개종 후 도전적으로 복음 증거, 교회 개척, 선교 사역을 담당함 • 미갈은 돌아온 법궤를 보고 춤추는 다윗을 비판하여 아기를 낳지 못하는 저주를 받음

I형(사교형) 성경인물 분석

성경인물	그래프	성경 구절	행동 특징	해석
I 촉진자형 (Promoter) 아론, 사울 왕	D I S C	출애굽기 4:14-17, 32:1-6 사무엘상 15장	• 대인관계가 좋고 다른 사람들에게 인정받기 원함 • 언어 표현 능력이 좋고, 설득력이 있으며, 칭찬과 격려를 잘함 • 지나치게 낙천적, 감성적임 • 일이나 과제 추진 시 분석이 약함 • 자신의 가치 상실과 인정받지 못함을 두려워함 • 납기 관리, 시간 관리, 과제 마무리에 더 신경을 써야 함	• 아론은 바로 왕 앞에서 모세의 대변인 역할을 함. 이스라엘의 첫 번째 대제사장이 됨 • 아론은 백성의 압력에 타협하여 금송아지 제작을 용인하는 죄를 범함 • 사울 왕은 상황 윤리를 적용하여 자신을 변명함
ID 설득형 (Persuader) 베드로, 리브가	D I S C	마태복음 16, 26장, 사도행전 3장, 창세기 24장	• 열정적이고 감성적이며 충동적임 • 개방적이고 언변이 뛰어남 • 지나치게 낙관적이고 설득하려 함 • 압력을 받으면 마음이 약해 설득당함 • 변화가 없거나 복잡한 것을 싫어함 • 업무 추진 시 객관적이고 세부사항에 관심을 갖는 것이 필요함	• 베드로는 실수도 하지만 설득력과 지도력이 있어 수제자로서 리더십을 발휘함 • 부흥사적 설득력이 있어 공회 앞에서 즉흥적 설교를 잘함 • 베드로는 압박받자 즉흥적으로 예수님을 세 번 부인함 • 낙천적이고 사람을 쉽게 믿는 리브가는 아브라함의 늙은 종을 따라나서 이삭의 아내가 됨
IS 카운슬러형 (Counselor) 아비가일, 바나바	D I S C	사무엘상 25장 사도행전 4:36-37, 9:26-27, 15:36-41	• 감정이 풍부하고 이해심이 많음 • 다른 사람을 긍정적으로 보고 잘 도와줌 • 대인관계의 폭이 넓고 안정감이 있음 • 지나치게 관대하여 싫은 소리나 직선적인 표현을 못함 • 다른 사람에게 압력을 가하거나 비난받는 것을 두려워함 • 업무 추진 시 현실적인 기한을 설정하고 주도적으로 추진하는 것이 필요함	• 아비가일은 다윗이 부하들과 피신해 다닐 때 도움을 줌 • 사도들은 바울을 두려워했지만 바나바는 바울의 긍정적인 면을 보았고, 그를 대변하고 사역을 돕기 위해 헌신함 • 아비가일과 바나바는 사람을 신뢰하고 사랑하는 본보기를 보여줌 • 바나바와 바울은 관점 차이로 다툰 후 각자 사역함
IC/CI 평가자형 (Appraiser) 다윗, 미리암 막달라 마리아*	D I S C	사무엘상 16, 18, 21장, 출애굽기 15:20-21	• 다른 사람에게 인정받으려는 욕구와 정확하고 분석적인 양면이 있음 • 은근히 경쟁심이 있고 설득적이며 목표 달성에 대한 집착도 있음 • 직감과 예술적 재능이 있음 • 다른 사람에게 나쁘게 보이거나 실패를 두려워함 • 맡은 일을 끝까지 완수하고 다른 사람의 감정을 잘 살피는 것이 필요함	• 다윗은 전쟁에서 승리하기 위해 공격적이 되었고, 사울 왕의 악귀를 쫓는 음악적 재능도 겸비함 • 다윗은 밧세바를 얻는 과정에서 유혹에 약하여 고난을 당함 • 미리암은 음악적 재능을 보여줌 • 다윗은 시편을 통해 문학적 재능을 보여줌

S형(안정형) 성경인물 분석

성경인물	그래프	성경 구절	행동 특징	해석
S 전문가형 (Specailist) 이삭, 도르가	D I S C	창세기 26, 27장 사도행전 9:36–38	• 부드럽고 온순하며 순종적임 • 현상 유지와 일관성이 있음 • 예측 가능하고 겸손하고 꾸준함 • 위험을 회피하고 변화를 두려워함 • 자신감을 갖고 변화에 적응하며 업무 처리를 빠르게 하는 것이 필요함	• 이삭은 하나님의 약속과 계획의 산물이 되었음 • 이삭은 친절하고 순종적이며 갈등을 싫어해 팔레스틴 거주민들에게 우물을 세 번이나 양보함 • 이삭은 갈등 상황에서 아내를 여동생이라고 거짓말함 • 다비다라고도 하는 도르가는 선행과 구제를 대단히 많이 함
SD/DS 성취자형 (Achiever) 느헤미야, 마르다	D I S C	느헤미야 2, 3장 누가복음 10:38–42	• 근면하고 의욕적이며 개인적 성취 목표가 명확함 • 자신이 맡은 일에 책임을 지고 성과를 냄 • 지나치게 자기 의존적이 될 수 있음 • 압력을 받으면 참을성이 없어지고 업무 위임을 못함 • 장, 단기 목표를 조정하여 과제의 우선순위를 정해 추진하는 것이 필요함	• 마르다는 예수님을 영접하는데 음식 장만을 중요시하여 마리아를 책망함 • 느헤미야는 왕의 허락을 받고 예루살렘 성벽 재건 공사를 체계적으로 완수하기 위해 백성에게 역할을 분담하여 52일만에 성공적으로 완수함
SI 중개자형 (Agent) 아브라함, 한나	D I S C	창세기 21, 24장 사무엘상 1, 2장	• 다른 사람에게 친절하고 조화를 좋아해 적대적 대립관계를 어려워함. • 이해하는 마음과 우정을 나누는 것이 중요하다고 생각함 • 다른 사람을 도와주고 봉사하기를 즐김 • 대립과 갈등을 싫어하여 회피함 • 자신감과 결단력을 키우고 자기주장을 하는 것이 필요함	• 아브라함은 하나님을 신뢰하고 이삭을 바치라는 하나님의 명령에 순종하여 복을 받음 • 아내와 갈등하는 것을 싫어하여 사라의 요구를 수용하고 양보함 • 아브라함은 위기 상황에서 아내를 여동생이라고 거짓말함 • 한나는 하나님께 사무엘을 드리기로 기도하고 하나님께 대한 신뢰성을 보임
SCD 탐구자형 (Investigator) 안나, 야곱, 야고보	D I S C	누가복음 2:36–38, 창세기 29–32장, 사도행전 15:13–21	• 침착하고 자제력이 있으며 객관적 사실을 중시함 • 의지가 강하고 끈기가 있어서 목표 달성을 위해 노력함 • 무뚝뚝하게 보이고 다른 사람을 의심하기도 함 • 많은 사람과 사귀고 추상적인 것으로 다른 사람을 설득하는 것을 싫어함 • 다른 사람들과 적극적으로 관계를 가지고 유연성을 개발하는 것이 필요함	• 야곱은 자신의 목표를 달성하기 위해 아버지 이삭과 에서를 속임 • 외삼촌 라반의 속임에 끈기있게 대응하여 은밀한 방식으로 자신의 재산을 만든 후 떠남 • 천사와 끈질기게 씨름하여 축복을 받음

C형(신중형) 성경인물 분석

성경인물	그래프	성경 구절	행동 특징	해석
C 객관주의형 (Objective Thinker) 누가, 마리아, 룻	D I S C	누가복음 1:1-4, 26-56장, 룻기 2:2-10, 3:1-18	• 논리적이고 객관적이며 올바르게 일하려 함 • 사실에 입각하여 분석하고 주장함 • 정보를 수집하고 분석하여 평가함 • 지나치게 분석적이어서 사소한 걱정이 많음 • 불합리한 행동을 강요받거나 다른 사람에게 비난받는 것을 두려워함 • 감정을 억누르지 말고 자신의 의견과 생각을 다른 사람과 공유하는 것이 필요함	• 누가는 제자는 아니지만 바울의 동역자로서 예수님의 행적과 행동을 정확하게 분석하여 누가복음과 사도행전에 구체적으로 서술함 • 마리아는 천사가 알려준 예수님 탄생의 비밀을 간직하며 자신을 드러내지 않음 • 신중하고 겸손하게 조용히 영향을 끼침
CS/SC 완벽주의형 (Perfectionist) 모세, 에스더, 요한, 마리아	D I S C	에스더 4, 9장, 요한복음 19:26- 27, 출애굽기 3, 4, 20, 32장	• 안정적이고 예측 가능한 성과를 내기 위해 신중하고 올바르게 일을 처리함 • 세부사항에 관심을 갖고 평가 기준을 준수하여 품질을 관리함 • 규정과 절차를 중시하다 보면 과거의 방식을 지나치게 의존하여 혁신이 부족할 수 있음 • 자신의 독립성을 유지하되 다른 사람들과의 관계에 주의를 기울이는 것이 필요함	• 모세는 완벽주의적인 성향으로 율법과 역사적 사건들을 객관적으로 기록함(모세오경) • 결정을 내리기까지 의심하고 자신감을 갖지 못하지만 결정한 후에는 확실하게 마무리함 • 에스더는 민족의 생존을 위해 이타적으로 헌신함
CIS/ICS 실천형 (Practioner) 드보라, 엘리야, 요나	D I S C	사사기 4, 5장, 열왕기상 18, 19장, 요나 4장	• 자기개발에 대한 집착이 강하고 업무 수행에 경쟁심이 있음 • 올바른 절차에 따라 행동하며 기술과 능력개발에 자신감이 있음 • 자기 목표에 지나치게 관심이 있고 비현실적일 수 있음 • 압력을 받으면 감정을 억제하거나 비판에 민감해짐 • 중요한 존재로 인정받지 못하는 것을 두려워함 • 중요한 일을 적절하게 위임하고 공동체의 이익을 위해 협력하는 것이 필요함	• 엘리야는 하나님의 인정을 받는 종으로서 세속 종교와 바알 우상숭배자들을 비판하고, 싸움에서 하나님의 위대한 권능을 보여줌 • 이세벨의 위협을 받고 도망을 가 하나님께 생명을 거두어달라고 요구함 • 요나는 하나님의 명령을 거절하고 도망치지만 결국 니느웨로 가 하나님의 명령을 수행함

참고문헌
- 『성경인물프로파일』, Copyright 1995. Inscape Publishing Inc, 한국교육컨설팅연구소.
- 『사람들은 왜 나를 오해할까? 워크북』 켄 보그스·론 브라운드 지음, 김영회·이경준 옮김, 도서출판 디모데 2002.

역자 후기

 우리에게는 저마다 어린 시절에 받은 크고 작은 마음의 상처가 있다. 내게도 몇 가지 기억나는 상처가 있다. 그 가운데 하나는 "왜 나는 리더십이 없을까?"다. 어린 시절 나의 소심한 성격이 초래한 당황스러운 일은 한두 건이 아니다. 초등학교 4학년이 된 지 얼마 안 되어 수학시험을 볼 때였다. 나는 긴장하면 소변을 자주 보았다. 그날도 긴장을 해서인지 시험 중간에 소변을 보고 싶었는데 선생님께 차마 말씀을 드리지 못하고 그만 실례를 하고 말았다. 마침 선생님이 "공부는 경준이처럼 해야 하는 거야. 얼마나 열중했으면 오줌이 나오는 것도 몰랐겠니?"라고 두둔해주신 덕분에 친구들의 놀림은 피할 수 있었다. 언젠가 기회가 생기면 그 선생님을 꼭 찾고 싶다.

 이런 일들이 반복되자 "왜 나는 리더십이 없을까?"라는 질문에 사로잡혔다. 그 질문은 나를 더욱 소심하게 만들었다. 내가 대학교 시절 한 번도 미팅을 하지 않은 것도 그것으로 설명될 수 있을 것이다. 나는 대학교 1학년 겨울방학 때 예수님을 영접한 이후 선교단체에서 활동하면서 사람들을 만나고 이야기할 기회를 많이 갖게 되었다. 그러나 여전히 나는 꼭 필요한 이야기 외에는 거의 말을 하지 않았다.

그래서 그때 나는 얌전하다는 의미로 '샌님', 하루 종일 말을 하지 않는다는 의미로 '복덕방 영감'이라는 별명으로 불렸다.

예수님을 믿은 후에도 나는 여러 사람 앞에 서는 것이 매우 부담스러웠다. 소그룹 인도까지는 하겠는데 그 이상은 여전히 마음이 내키지 않았다. 그러던 중에 '성경인물 프로파일 시스템'(Biblical Personal Profile System, 일명 DISC)을 알게 되었다. 나는 전형적으로 CS가 강한 유형이어서 일반적으로 말하는 강한 리더십과는 거리가 먼 사람이었다. 그런데 이 검사는 내게 큰 깨달음을 주었다. 내게 리더십이 없는 것이 아니라 내 리더십 스타일이 D형(주도형) 리더십이나 I형(사교형) 리더십이 아니라는 것을. 대신에 나는 C형(신중형) 리더십과 S형(안정형) 리더십을 가지고 있었던 것이다.

이것을 몰랐던 나는 강한 리더십의 사람이 되어보려고 D형이나 I형 스타일의 리더십을 시도하기도 했다. 하지만 내 옷이 아닌 옷을 입고 리더 행세를 하는 것은 너무 고생스러운 일이었다. 이제 나는 내게 강하게 있는 C형이나 S형 리더십으로 자연스럽게 리더십을 발휘하게 되었다. 내게 약하게 있는 D형이나 I형 유형은 다른 사람들과 협력함으로써 자연스럽게 보완하고 있다.

그동안 DISC 행동유형을 공부하고 가르치면서 정말 궁금한 것이 있었다. '예수님의 행동유형은 어떤 스타일일까?' 하는 것이었다. 그러던 차에 이 책을 번역하면서 많은 궁금증이 해결되었다. 특히 우리가 잘 알고 있는 현대 전쟁사에서 중요한 역할을 감당했던 장군들과 그 어려운 시기에 정치적 수장으로서 의사결정을 했던 리더들 그리고 성경에 나오는 인물들의 사례와 함께 여러 상황에서 다양하게 보여주신 예수님의 리더십을 통해 그분을 더욱 인격적으로 이해하고 구체적으로 닮아갈 수 있게 되었다.

 추천의 글을 쓴 진 윌크스의 권면처럼 리더십 스타일과 예수님을 이해하는 데 큰 도움을 주는 이 책을 읽고 배우고 즐길 수 있기를 바란다. 나도 그랬으니까!

           _ **이경준** 다운교회 담임목사, 주식회사 이랜드 사목

2000년대 초반부터 교육 전도사님들, 목사님들, 교사들을 대상으로 파이디온 선교회와 BPPS 성경인물 행동이해 세미나를 진행하면서 내게는 한 가지 아쉬움이 있었다. 예수님은 어떤 프로파일을 가지셨을까 하는 것이었다. 『사람들은 왜 나를 오해할까?』 워크북에 예수님의 프로파일에 대한 설명이 일부 있기는 하지만 미흡하게 느껴졌다. 다른 한편으로 신성과 인성을 모두 가지신 예수님을 한 인간으로 심리학적 DISC 행동 관점에서 설명한다는 것이 불경스럽게 느껴져 마음이 불편했다. 그러나 이 책은 그 모든 의문에 대해 분명한 답을 제시하고 있다.

 신약의 공관복음에 나오는 예수님의 DISC 행동유형은 상대방과 상황에 따라서 다양하게 변화하는 모습을 보여주셨다. 예수님이 최후의 만찬에서 제자들의 발을 씻기시며 보여주신 섬김의 모습이나 십자가를 지고 골고다 언덕을 오르시는 동안 군중에게서 심한 야유와

모욕을 당하시면서도 아무 말 없이 인내하시고 십자가 위에서 그들의 죄를 용서해달라고 구하시는 모습은 수용과 희생의 안정형(S형) 리더십이다. 귀신들린 자에게서 마귀를 내쫓으실 때 보이신 단호함이나 성전에서 물건을 파는 자들의 상을 뒤집고 야단을 치실 때 그리고 서기관과 바리새인들과 논쟁을 하실 때의 모습은 카리스마가 강한 주도형(D형) 리더십이다. 세 번씩이나 예수님을 모른다고 배반한 베드로에게 "네가 나를 사랑하느냐 그러면 내 양을 치라"고 세 번씩 인정해주시고 양들을 부탁하시는 모습은 가슴 따뜻한 사교형(I형) 리더십이다. 환호하는 군중을 피해 한적한 곳을 찾아 제자들과 조용히 보내시거나 기도하시면서 하나님이 맡기신 사역을 준비하시거나 제자들의 잘못을 지적하시고 훈육하시는 모습은 신중형(C형) 리더십이다.

나도 이경준 목사님과 비슷하게 초등학교 때 별명이 '얌전이'였다. 수줍음이 많은 내성적인(높은 S와 C형) 아이였기 때문이다. 고등학교 1학년 때는 급우들의 투표로 반장을 했는데 2학기 때 담임선생님이 전근을 가시게 되자 그것을 빌미로 반장직을 사퇴하고 다른 친구를 반장으로 뽑아 인계했다. 고등학교 3학년 때는 교회의 중·고등부 회장으로 뽑혔지만 회장직에 대한 부담과 취업이나 대학입시 준비로 바쁘다는 핑계로 고사하면서 고등부 예배를 한 달 동안 빠졌다. 그러다 성격이 적극적인 다른 친구가 회장으로 뽑히자 다시 예배에 출석했다. 그러나 오랜 사회생활과 교회에서의 신앙생활을 통해 이제는 다양한 역할과 책임이 주어지면 내 스타일의 리더십을 발휘하는 유연성과 적응력을 가지게 되었다.

나는 DISC 행동 특성을 이해하고 MBTI 같은 성격 유형을 공부하면서 사람마다 리더십 스타일이 다르고, 강점과 약점도 다르며, 각자에게 적합한 일과 힘들어 하는 일들이 다른 것이지, 강한 리더십을 가진 사람만이 좋은 리더가 되는 것이 아님을 배우게 되면서 마음이 편해졌다. 타고난 리더십도 중요하지만 후천적으로 학습된, 훈련된 리더십을 갖기 위해 애쓰고 훈련하는 것도 필요하다. 하나님은 구약시대에 기질과 성격이 다른 족장이나 선지자들을 적재적소에 리더로 세우시고 부족한 점은 동역자를 통해 채워주시며, 배우자도 서로 다른 성향의 사람을 배필로 짝지어서 살게 하시고 축복해주셨다.

또한 예수님도 제자들의 성격이나 기질을 바꾸어 사용하시기보다는 오히려 그들의 스타일에 맞추어 눈높이를 조정하시는 인격적인 예수님임을 배우면서 성경말씀을 더 깊이 이해하게 되었고, 갈등상황에도 편한 마음으로 다른 사람을 이해하고 소통하는 데 도움이 되었다.

이 책은 제1·2차 세계대전, 한국 전쟁과 이라크 전쟁 등 역사적으로 힘든 시기를 이끈 군인들과 정치인들을 분석했다. DISC 성향이 높은 사람들과 반대로 DISC 성향이 낮은 사람들이 어떻게 전쟁을 승리로 이끌고 정치적 문제들을 해결했는지 구체적으로 볼 수 있어서 DISC 성향별 리더십 스타일의 특징을 이해하는 데 도움을 준다. 특히 예수님의 DISC 리더십 행동은 높기도 하고 낮기도 한 모습을 보여주셨는데 우리는 이를 통해 상황이나 상대방의 필요에 따라 다르게 대응하시는 예수님의 리더십을 배울 수 있다. 상황에 맞추어 변화하는 예수님의 리더십을 DISC 행동이라는 관점에서 배우고 가정과 직장, 사회와 교회에서 적절하게 활용할 수 있다면 "네 이웃을 네 몸 같이 사랑하라"는 예수님의 계명을 실천하는 데 도움이 될 것이다. 인간관계 황금률이나 백금율 원칙을 가지고 인격적으로 상대방에 맞추시는 변혁적 리더십을 보여주신 예수님의 리더십을 이해하고 배우면 좋겠다.

이 책의 출간을 흔쾌히 맡아준 도서출판 디모데에 감사드린다.

_ **김영회** 교육공학 박사, 한국교육컨설팅연구소 소장, 신촌장로교회 장로